**融媒体**
创新型人才培养系列丛书

用户运营➕内容运营➕活动运营➕
直播运营➕媒体大数据

# 融媒体
# 运营实战

微课版

陈臻 朱愚 陈璐◎主编

张豪 钟智 张苑 徐嘉诺◎副主编

人民邮电出版社
北 京

**图书在版编目（CIP）数据**

融媒体运营实战：微课版 / 陈臻，朱愚，陈璐主编
. — 北京 ：人民邮电出版社，2022.6
（融媒体创新型人才培养系列丛书）
ISBN 978-7-115-58977-4

Ⅰ．①融… Ⅱ．①陈… ②朱… ③陈… Ⅲ．①传播媒
介－运营管理 Ⅳ．①G206.2

中国版本图书馆CIP数据核字(2022)第047740号

## 内 容 提 要

　　融媒体是整合了广播电视、报刊、新媒体等资源，开展媒体服务、党建服务、政务服务、公共服务、增值服务等业务的媒体平台。本书系统地阐述了在融媒体环境下运营的概念、特点、现状、策略，探讨了运营的新方向；并根据当下运营的主流模式，结合融媒体虚拟云平台对用户运营、内容运营、活动运营等运营策略进行了详细讲解，全面分析了融媒体背景下的直播运营和大数据技术。

　　本书可以作为高等职业院校、应用型本科院校相关专业融媒体运营、融媒体技术、融媒体理论与实践等课程的教材，也可以作为广大融媒体研究人员和从业人员自学的参考书。

◆ 主　　编　陈　臻　朱　愚　陈　璐
　　副主编　张　豪　钟　智　张　苑　徐嘉诺
　　责任编辑　白　雨
　　责任印制　王　郁　彭志环

◆ 人民邮电出版社出版发行　　北京市丰台区成寿寺路 11 号
　　邮编　100164　　电子邮件　315@ptpress.com.cn
　　网址　https://www.ptpress.com.cn
　　北京瑞禾彩色印刷有限公司印刷

◆ 开本：700×1000　1/16
　　印张：11　　　　　　　　　2022 年 6 月第 1 版
　　字数：245 千字　　　　　　2025 年 6 月北京第 7 次印刷

定价：59.80 元

读者服务热线：(010)81055256　印装质量热线：(010)81055316
反盗版热线：(010)81055315

# 前言
## FOREWORD

随着媒介技术的不断发展，以及互联网、云计算、社交网络等新兴技术和服务的不断涌现与广泛应用，媒体融合成为当下媒体发展的主流趋势，融媒体事业蓬勃发展。

党的二十大报告提出，加强全媒体传播体系建设，塑造主流舆论新格局，健全网络综合治理体系，推动形成良好网络生态，同时，媒体融合在全国和省级媒体的融合层面已全面展开，各级融媒体中心将作为媒体融合的新主场，以改革意识推动媒体融合，建设统一平台，打通融媒体技术瓶颈；同时，聚焦新闻主业，强化内容生产，创新管理制度，构建良好运行机制，在此基础上，拓展媒体平台，做活产业经营，以"宣传"激发区域经济发展活力，助推区域经济发展。

本书的编写组成员来自学界和业界一线，拥有丰富的教学经验和业务技术，编写组成员共同开发和建设了省级本科一流课程（虚拟仿真实验课程、线上线下混合课程），团队成员在融媒体领域科研、教研教改项目经验丰富。本书共7章，分别为融媒体概述、融媒体运营的策略、用户运营工具、内容运营工具、活动运营工具、融媒体直播运营以及媒体大数据，全面系统地阐述了融媒体运营的基本理论及运营方法，搭建了融媒体运营的知识框架。

### 本书编写特色

1. **清晰的理论框架。**本书将融媒体功能体系有机地融入新媒体运营理论中，在内容建设、技术支撑、创新管理等层面，构建了融媒体运营的实现路径。

2. **明确的学习目标。**本书每章均设置学习目标，对读者掌握相关技能有良好的指引作用。

3. **丰富的图解教学。**本书采用图解教学的形式，图文并茂，让读者在学习过程中更直观、更清晰地掌握融媒体运营工具，全面提升学习效果。

4. **标准的业务平台。**本书配套的技术平台符合县级融媒体中心建设规范，能够有效开展媒体服务等融合媒体平台的业务，读者注册后可在有效期内根据教材所示操作步骤进行实战演练。

### 学时分配表

| 章 | 任务 | 课程内容 | 学时分配 |
|---|---|---|---|
| 第1章<br>融媒体概述 | 1.1 | 了解融媒体运营的背景<br>了解传统媒体与新媒体 | 1 |
| | 1.2 | 传统媒体、新媒体、融媒体的现状、策略与启示 | 1 |
| | 1.3 | 融媒体运营的体系认知 | 2 |

# 前言
## FOREWORD

续表

| 模块 | 任务 | 课程内容 | 学时分配 |
|---|---|---|---|
| 第2章<br>融媒体运营的策略 | 2.1 | 融媒体运营者的能力素养、运营工具与战略规划思路 | 2 |
| | 2.2 | 用户运营的策略<br>内容运营的策略<br>活动运营的策略 | 2 |
| 第3章<br>用户运营工具 | 3.1 | 用户运营的概念及步骤<br>红包功能的使用<br>分享导流功能使用 | 4 |
| | 3.2 | 爆料功能配置 | 2 |
| | 3.3 | 内容圈子互动运营 | 2 |
| | 3.4 | 热门话题互动运营 | 2 |
| | 3.5 | 内容评论、点赞、打赏运营 | 2 |
| | 3.6 | 会员成长体系 | 2 |
| | 3.7 | 积分商城及广告运营 | 4 |
| 第4章<br>内容运营工具 | 4.1 | 内容运营的基本概念及思路 | 2 |
| | 4.2 | 内容电商运营和内容付费 | 2 |
| 第5章<br>活动运营工具 | 5.1 | 活动运营概述以及业务流程 | 4 |
| | 5.2 | 活动互动运营工具 | 4 |
| 第6章<br>融媒体直播运营 | 6.1 | 融媒体直播运营 | 2 |
| | 6.2 | 事件直播 | 4 |
| 第7章<br>媒体大数据 | 7.1 | 基本概念 | 2 |
| | 7.2 | 媒体大数据处理的基本流程 | 2 |
| 学时总计 | | | 48学时 |

**本书编写组织**

本书由四川传媒学院陈臻、成都华栖云科技有限公司朱愚、四川传媒学院陈璐担任主编，四川传媒学院张豪、钟智及成都华栖云科技有限公司张苑、徐嘉诺担任副主编。具体分工如下：陈臻、朱愚负责编写第1章、第2章；张豪、钟智、徐嘉诺负责编写第3章、第4章、第5章；陈璐、张苑负责编写第6章、第7章。

尽管编者在编写过程中力求准确、完善，但书中难免有疏漏与不足之处，敬请广大读者批评指正。

编　者

2023年3月

# 目录
## Contents

# 目录
## Contents

# 目录
## Contents

# 目录
## Contents

# 第 1 章
# 融媒体概述

**学习目标**

- 了解传统媒体与新媒体的概念和特点，以及二者的区别。
- 掌握传统媒体与新媒体的融合策略。
- 掌握融媒体运营的体系。

**素养目标**

- 了解国家媒体融合的战略部署，明确融媒体是国内主流媒体转型的重要方向。
- 培养运营者具备主流媒体的市场竞争意识和能力，探索建立"新闻 + 政务服务商务"的运营模式。

新媒体的兴起带来了盈利模式的变革。同时，新技术带来的技术变革也让当前媒体内容运营的模式发生了颠覆性的变革。在当前互联网信息时代的5G、大数据、人工智能、云计算等技术的推动下，用户的终端和接收信息的形式发生了变化。媒体融合成为当下媒体发展的主流趋势，融媒体也正式进入发展阶段。

# 1.1 融媒体运营

2014年，融媒体概念正式产生。融媒体即融合媒体，指广播、电视、报刊等与基于互联网的新兴媒体有效结合，借助多样化的传播渠道和形式，将新闻资讯等广泛传播给受众，实现资源通融、内容兼融、宣传互融的新型媒体。

互联网下半场的特征是全数字化、全产业链、全运营化和全行为化。媒体融合的下半场应该重点推进传统媒体向新媒体融合发展，提升媒体运营能力，打造全媒体生态系统，延展价值链。

近年来，在互联网媒体对传统媒体的猛烈冲击下，传统媒体的入口价值大幅度下降，主要表现为用户快速流失、广告主大量转移导致广告收入大幅度下滑、骨干人才流失导致核心竞争力下降，进而导致出现"阵地在，用户已不在；阵地在，广告主已不在；阵地在，骨干已不在"的窘境。

传统媒体和互联网媒体的用户量快速此消彼长，传统媒体的用户在大量流失，而互联网媒体已经成为用户获取信息的第一入口。中国互联网络信息中心发布的《第48次中国互联网络发展状况统计报告》截至2021年6月，我国网民规模达10.11亿人，较2020年12月增长2 175万人，互联网普及率达71.6%，较2020年12月提高1.2个百分点。截至2021年6月，我国手机网民规模达10.07亿人，较2020年12月增长2 092万人，网民使用手机上网的比例为99.6%，与2020年12月基本持平。截至2021年6月，我国网络视频（含短视频）用户规模达9.44亿人，较2020年12月增长1 707万人，占网民整体的93.4%；其中，短视频用户规模达8.88亿人，较2020年12月增长1 440万人，占网民整体的87.8%。

从以上数据可以看出，用户流量已经全面转向互联网的新媒体平台。中国互联网络信息中心的报告也表明，类似抖音、快手、微信等视频社交App成为主流应用。5G时代的来临，将会极大地促进移动互联网的发展，届时，短视频将成为主流媒体形式，短视频类的App成为网民的主要应用。传统媒体的宣传与发展要把握时机，抓住用户流量，才能在融媒体的变革中存活下来。

新媒体的兴起带来了盈利模式的变革。以前，传统媒体的主要收入源为广告，而在互联网的强劲冲击下，无论是报纸、期刊还是电视广告的收入，都已经大幅度下滑。与传统媒体广告收入下滑形成鲜明对比的是，得益于庞大的年轻用户群，互联网广告收入保持着高速增长的态势。互联网上市公司的财报数据显示，互联网企业的广告收入超过千亿元，互联网广告不断侵占着传统媒体的广告市场。

新技术带来的技术变革，也让当前媒体内容运营的模式发生了颠覆性的变革。在当前互联网信息时代的5G、大数据、人工智能、云计算等技术的推动下，用户的终端和接收信息的形式发生了变化。近年来，新技术革命和互联网的发展正在改变旧的媒体产业格局，媒体生态、舆论格局正发生着深刻变化。随着媒体融合在全国加速推进，大众传播开始了一场新的革命，人们在信息需求、沟通方式、信息接收方式和接收习惯等方面也发生了翻天覆地的转变，移动终端已成为人们获取生活资讯及收看各类视频节目的重要渠道；同时由于移动终端拥有广泛的群众基础，已成为新的舆论阵地，对传统媒体的传播力、引导力、影响力等造成了很大的冲击。

媒体融合战略向市、县、乡的延伸，将深刻地改变基层舆论阵地的媒体生态，改变基层宣传工作相对薄弱的现状。各级融媒体中心将作为媒体融合的新主场，筑牢基层宣传的底盘，搭建政民良性互动的绿色通道，深入本土，做基层、贴近群众的融媒体，彻底打通听取民意的最短路径，在经济发展过程中，将自身所具有的传播力以及影响力等充分发挥出来，为社会发展起到稳定的作用。

# 1.2　传统媒体与新媒体

## 1.2.1　传统媒体的概念及特点

传统媒体主要包括广播、电视、报纸等。传统媒体有自己的传播方式和特点，主要是通过固有的媒介和机械装置，向社会受众定期发送一些信息。传统媒体主要有以下4个特点。

### 1. 传播快速

以广播电视等为代表的传统媒体是现如今除了新媒体之外传播速度最快的媒介。传统媒体中的广播电视利用该优势，可将一些重大的突发事件及时传播。

### 2. 内容丰富

广播电视等传统媒体为人们提供了丰富的精神食粮，在人们生活的各个方面都提供了一些服务，如新闻、体育、综艺、生活服务等。为了满足不同受众的需求，电视台和电台还推出了许多专业的频道。

### 3. 舆论监督

舆论是在特定的时间和空间里，公众对特定的社会公共事务公开表达的基本一致的意见或态度。舆论监督就是社会各界通过大众传播媒介来表达意见，基于社会公众趋于一致的信念、意见和态度形成舆论，从而对社会上出现的现象予以批评或褒扬，揭示现实中存在的问题并促使其解决的一种活动。

### 4. 信息服务

媒体提供信息服务。信息服务是为解决经济建设和社会发展中的问题提供服务的活动。信息服务以现代信息技术为手段，服务于全社会，使人们更及时、有效和充分地利用信息。如提供有关的数据、情报、资料，刊登广告以及解决信息工作中的一些技术上的问题等，都属于信息服务的范畴。

## ↘ 1.2.2 新媒体的概念及特点

新媒体运用了当今发展前端的互联网技术作为传播的载体，主要以手机、计算机等为传播渠道向受众传播信息，向受众传播和提供的内容与传统媒体是相同的。新媒体是近几年出现的媒体概念，新媒体是在传统媒体之上发展和衍生出来的，是对传统媒体的再创造。新媒体主要有以下3个特点。

### 1. 形式较为丰富

传播内容的形式较为丰富是新媒体的特点。传统媒体在传播过程中相对比较注重内容的传播，而新媒体不仅注重内容的传播，还在文字性的内容中添加了图片、音频和视频，更加清晰和直观地呈现传播内容。

### 2. 互动性较强

传统媒体在传播内容的过程中，不能收到反馈。而新媒体的优势就在于可以双向互动，受众不仅能接收新闻和信息，还能与传播者互动，讨论新闻和信息，提出建设性的意见和建议，起到互利共赢的效果。

### 3. 传播渠道广泛、覆盖率较高

传播渠道广泛、覆盖率较高是传统媒体与新媒体的显著差异。新媒体扩大了传播的范围和覆盖面。新媒体通过手机终端以及计算机终端等向受众传播信息。从现在人手一部手机的局面来看，新媒体不仅传播速度快而且覆盖范围广，所以新媒体的传播渠道广泛、覆盖率较高。

## ↘ 1.2.3 传统媒体与新媒体的关系

在全媒体的发展时代，新媒体与传统媒体只有融合才能共赢。虽然新媒体的快速发展对传统媒体来说是挑战，但传统媒体和新媒体两者并不是对立的。传统媒体与新媒体在传播载体、传播时间、用户群体、传播形式方面的对比如图1-1所示。

图1-1　传统媒体与新媒体的对比

新媒体在其内容、传播渠道以及交流等方面还是离不开传统媒体，目前互联网电视、手机电视等在很大程度上依赖着传统电视内容。新媒体虽然领先于传统媒体，依托网络技术将内容存放于云平台内，但都是依托于传统媒体进行整合再造。与此同时，新媒体对受众的发言权非常重视，但是网络上虚假的新闻和信息使网络传播的内容可信度下降。传统媒体，专业的知识背景、优秀的工作团队、持证上岗的专业人员是新媒体无法比拟的。传统媒体虽然在传播渠道方面以及互动性方面不能与新媒体相提并论，但是，传统媒体在传播内容的真实性、权威性等方面是值得新媒体学习的。

# 1.3 新媒体环境下的传统媒体发展现状

## 1.3.1 传统媒体的现状分析

统计数据显示，传统媒体中的期刊出版情况大不如前，利润也变为负数。经过调查，随着电视、计算机、网络等的出现，广告的投放已经不局限于报纸等纸媒的版面了。消费者的关注点已集中在发展更为前沿的新媒体，所以广告的投放一旦撤销，纸媒的利润就会下降。

那些关闭和停刊的纸媒，很多被限制在传统媒体的形式之中，这些纸媒没有紧跟互联网的发展速度，认为只要可以上网就是"互联网+"的模式。纸媒需要知道的是，期刊、报纸等只是一种传播媒介，而新媒体时代下的消费者几乎都在使用更为先进的多个屏幕的方式来获取信息。这些信息的获取方式也随着科技的发展变成了随时随地就可以看到的移动端。

虽然目前的"全媒体"尚未被定义，但媒体融合无疑是属于整个媒体范围内的。媒体融合是各种媒体多方面整合的趋势，实质上是不同技术的组合，其中一些是由两种或更多技术结合形成的新的通信技术，融合产生的新的通信技术和新媒体所带来的影响大于原始部分的总和。新媒体报道不断扩大，给传统媒体带来了巨大的冲击，但对于传统媒体来讲，这也是前所未有的机会。传统媒体与新媒体的融合有利于增加信息的传播途径和渠道，同样，也会扩大媒体信息覆盖面。同时，在传统媒体与新媒体融合的过程中，它们互相影响后会形成一个比较完整的媒体平台，使传统媒体和新媒体的各项优势得以发挥，这样不仅节省了资源，提高了整个媒体平台的开放程度，还实现了资源共享。如此看来，传统媒体与新媒体的融合可以调动所有资源的不同优势，来适应整个媒体时代的发展，最终满足观众个人对信息的需求。同时，传统媒体和新媒体融合也可以以品牌战略优势的形式发挥两种媒体促进集约化发展、促进媒体产业转型的积极作用。换句话说，在整个媒体时代的背景下，新媒体的出现和发展丰富了传统媒体形式，使媒体走向积极健康的发展道路。

## 1.3.2 传统媒体在媒体融合背景下的优势

传统媒体虽然受到了新媒体的冲击，但是对二者来说，媒体融合才是它们的最终目标。媒体只有融合才能达到共赢的局面。传统媒体在媒体融合中有其优势。

### 1. 传统媒体团队专业的优势

传统媒体对其从业人员的选定是非常严格的。传统媒体行业的人员必须是具有专业知识和经验的媒体工作人员，具备较高的专业素养。他们的专业素养能够代表整个行业领域的高度，是整个媒体发展的核心和关键。

### 2. 传统媒体内容可信度高的优势

新媒体在发展过程中的专注度是以消费者的需求为主的，开放的手机终端和互联网成了它与消费者互相沟通的桥梁。对传统媒体来说，专业的团队和素质较高的从业人员在新闻和信息的筛选以及真实性的判断方面，具有专业水准。

### 3. 传统媒体报道载体的优势

新媒体的传播速度远超传统媒体，传统媒体的信息报道是存在于电视之上的，而新媒体的部分内容是对传统媒体已经在电视、计算机上报道的内容进行的转载报道。新媒体里的数字电视也是基于传统媒体的电视创新的。

## ↘ 1.3.3 传统媒体在媒体融合背景下的劣势

媒体融合背景下，传统媒体的传播速度较为滞后，传播途径较为单一，缺乏互联网思维。运营者需要客观地分析当下融媒体发展的形势，制订融媒体环境下的发展规划。

### 1. 传统媒体传播速度较为滞后

新媒体利用网络存储信息和传播速度快的优势，能够使受众在最短的时间接收到信息，受众接收到的信息也更为广泛，这是传统媒体目前不能匹敌的。图1-2所示为传统媒体的优势与劣势。

图1-2　传统媒体的优势与劣势

### 2. 缺乏互联网思维，忽视深入打造更专业的内容

传统媒体的转型是传统媒体在媒体融合中首先要做到的一点。在当今的网络环境中，新媒体以微信、微博等平台为载体，在很短的时间里迅速吸引并汇集了大量的传统媒体的用户，随后迅速发展起来。然而传统媒体在转型的过程中依赖于自身的影响力，转型过程过于仓促，专注于吸引广告商的思维模式绊住了发展的脚步。传统媒体转型应

该是在其传统平台的基础之上创造一个与其内容相互呼应的新平台。当前的传统媒体的广告投放、用户群体以及专业的高素质人员的配置是可以与新媒体抗衡的。传统媒体缺乏互联网思维，忽视了深入打造更为专业的内容。

### 3. 缺乏创新，商业模式单一

新媒体发展迅速的原因是其在传统媒体之上的创新和思维的变化。许多大型传统媒体的经营模式和管理机制较为固化，无法有效激励员工；新媒体的经营模式和管理机制以就业机制和奖惩机制为标准，能够激励员工努力工作。传统媒体要转型，需要留住人才，让有才华的年轻人得以发展。

# 1.4　传统媒体与新媒体的融合策略

传统媒体和新媒体都有自己的优势和劣势，在融合发展的道路上两者要积极地融合。传统媒体与新媒体的融合有以下几个策略。

## 1.4.1　创新内容

传统媒体和新媒体均需要将内容放在首位。传统媒体需要结合自己的实际，不断地在采、编、播的环节中做到内容优先，利用自身团队的专业知识和较高的媒介素养来制定严格的管理机制。一篇报道的内容要真实，消息来源要可靠，对消息的理解和把控要标准，对大众的引导和影响要积极。如果要增强对受众的吸引力，就要创造高品质的内容。在新媒体的影响下，一些传统媒体的受众将被转移，原因是新媒体提供的内容更符合受众的需求。新媒体要确定受众的需求，提供他们所需的信息，让媒体和观众保持紧密联系。借鉴这一优势，传统媒体必须以保持现有的内容真实度为前提，随着新媒体信息的全面融合，发挥新的媒体信息宽度，实现资源整合。在对某主题感兴趣的受众的挖掘过程中，可以在微博、微信等平台应用新媒体，以满足受众的心理需求为目的编辑和制作信息，从而形成互动。从新媒体的发展来看，考虑到其公信力和权威性的局限性，可以利用传统媒体在这一领域的优势来通过二次处理发布信息，引导受众积极参与讨论，如图1-3所示。

**思考**
广告所产生的效益是阶段性下降，还是趋势性衰退？
经济下行和新广告法实施，是否是广告收益下滑的根本原因？
新媒体冲击与广告分流，是否是广告收益下滑的根本原因？
经济上升和政策支持，广告收益是否会反弹？

**原因**
互联网重构了媒体生态：
媒体分众化、内容碎片化、用户圈层化、消费个性化、商业社交化。

**结论**
在新媒体生态下，广播电视"做节目、卖广告"的传统经营模式已不合时宜。
只有发展新媒体，增加用户连接，运用新型的商业模式和盈利模式，才能创造丰厚的利润。

图1-3　问题探讨

### ↘ 1.4.2　创新渠道

在全媒体的时代背景下，新媒体对读者的阅读爱好和惯性产生着重要的影响。与传统媒体相比，新媒体的优势体现在信息覆盖范围广泛，信息访问及时、方便，信息交换方便，交流成本低，不受时间和空间的限制。为了利用这些优势促进传统媒体的发展，我们需要积极配合建立起一个新媒体和传统媒体整合的数字技术平台，将传统媒体的资源汇入新媒体的平台，为受众提供各类新闻内容；同时，还需要积极利用微信、微博等新媒体平台推广传统媒体，降低通信成本，推动受众覆盖面扩大。

### ↘ 1.4.3　创新观念

新媒体对传统媒体的影响非常大，这使得传统媒体的生存空间变小，传统媒体变得难以生存。针对这类情况，传统媒体必须积极地调整态度，以创新的方式迎接新形势下各种各样的挑战。目前，一些传统媒体经过分析认为媒体错误地认为媒体融合就是以网络等作为新媒体和传统媒体整合的唯一手段。传统媒体应以积极的态度参与媒体融合过程。新媒体的融合不仅要做到发挥好自身的优势，还要打造战略品牌。在整个过程中，新媒体也需要积极转变，从而建立起网络真实度高的媒体形象和品牌理念。

例如，在2021年的两会报道中，各个媒体在微博上的实时报道使受众如身临其境。在两会期间，《人民日报》首次启用H5产品，通过微信的朋友圈、发红包等方式吸引了大量的人参与两会的互动。这款H5产品的点击量在不超过一天的时间里就达到了600万。

### ↘ 1.4.4　创新经营

在传统媒体和新媒体中，经营和管理要有自身独特的特点。因此，在媒体融合过程中，传统媒体要借鉴新媒体的经营和管理机制。对于媒体从业人员，传统媒体和新媒体要做到同工同酬，留住能促进其发展的人才。传统媒体也应发展其专业的媒体团队去挖掘具有故事性的新闻事件，运用图片、视频等方式吸引受众，如果是受众需要查阅的信息内容，则可以设置付费阅读项目。

## 1.5　媒体融合对传统媒体发展的启示

融媒体运营是典型的互联网平台生态模型，资源方、平台方、用户方三方结合，相互促进，共同发展。融媒体运营模型如图1-4所示。智能的生态系统能够实现正反馈和自强化。

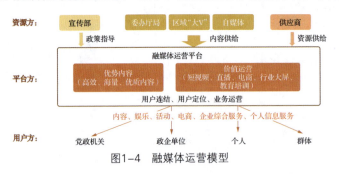

图1-4　融媒体运营模型

　　媒体融合是传统媒体和新媒体发展的潮流，要想紧跟时代的步伐，就要摒弃过时的思维观念，利用互联网技术不断革新和创造。媒体融合给传统媒体带来的启示有以下几点。

### 1.5.1　强化用户的思维模式

　　互联网的思维是新媒体在发展过程中所运用的思维模式，以用户的思维为主导。传统媒体在媒体融合当中，应转变为以用户的需求为主的思维，不再只强调和注重新闻的内容和信息的高度。传统媒体为了具备互联网思维，首先要做到的是深入了解和理解用户的喜好及需求，在传播的过程中懂得利用目前新媒体所用的技术手段来分析传播过程中的问题；其次要加强营销意识、丰富营销工具，主动了解和分析用户，从而扩大传播的范围。

### 1.5.2　强化平台的思维模式

　　以平台高效生产的海量优质内容作为内容运营的基础，利用优质的内容有效连接用户与平台，结合当前主流的短视频、直播、电商等模式实现内容的价值变现，在新媒体的新模式下重新定位用户，寻找新的业务运营模式。同时，开放和共享的思维是媒体融合中需具备的思维模式。强化平台的思维模式要分清信息的整合与分发。无论哪个平台，发展到一定程度后，就能够延伸到用户的兴趣爱好的点上，随之传统媒体就可以将自己的作品带入平台之中。平台的发展和建立要以用户为基础，经营步入正轨之后自然会有经济利益的流入。

### 1.5.3　强化市场的思维模式

　　传统媒体在这个互联网迅速发展的时代，要先去适应现代市场经济的发展以及现代化生产的机制和手段。传统媒体要强化市场思维，改变以往的保守思维，建立起新的属于自己的内在经营机制。首先就要建立起采编部门的团队信任和合作，打破之前固有的按部门、媒体设置的固定岗位完成任务，同时利用全方位的复合型人才，对事件的分析和技术的研发以及经营管理等提供有效的体系。

　　媒体的融合、共同发展是传统媒体与新媒体生存和发展的关键。全媒体在发展的同时需要兼顾各个媒体的个性发展，做到有机结合和成长。同样，传统媒体与新媒体的相互融合也同样能够激励和促进各自优势的发挥，真正地实现传播内容的融合，并且在传播内容的同时有助于传播渠道的增加和传播观念的更新，真正做到传统媒体和新媒体之间的优势互补，最终实现全媒体的迅速发展。

## 1.6　融媒体运营的新方向

　　媒体融合在全国性媒体和省级媒体的融合层面已全面展开，各级融媒体中心将作为媒体融合的主场，以改革意识推动区级媒体融合，建设统一平台，突破融媒体技术瓶颈；同时，聚焦新闻主业，强化内容生产，创新管理制度，构建良好运行机制，并在此基础上拓展媒体平台，做活产业经营，以"宣传"撬动区域经济发展活力，助推区域经济发展。

　　融媒体中心市级技术平台项目对现有各类媒体资源进行深度融合，包括平台的融合、业务的融合、人员的融合、运营的融合，形成一次采集、多平台传播的业务模式。通过建立区域协作平台，采用区域联合运营的方式，各级融媒体中心可开展多种形式的横向合作，利用平台集聚效应，优势互补，在平台上开展多种"互联网+"的新服务，形成新文化产业收入。

　　推进媒体融合，可以提升融媒体产品的生产能力、共享能力，提高人员工作效率，扩大媒体宣传覆盖面，提高新闻宣传效率，更好地履行媒体责任；可以准确把握市场机遇，将融媒体平台庞大的受众群转变为可以创造巨大商业价值的用户群，有效扩张彼此的传播面，扩大各级城市媒体的整体影响力。在平台建成后，融媒体中心充分利用整合的资源进行流量变现、数据变现、版权交易增值、平台经营增值、智慧城市运营增值等多种运营，实现新文化产业经济效益。

　　传统媒体面临新的舆论生态、社会生态和产业生态，其思想理念、新闻生产、内容传播、管理体制和运行机制都经受着严峻挑战。因此，传统媒体的运营模式逐渐发生变化。

### 1. 运营模式转型的理念基石

　　任何真正的变革都是从理念开始的。以智能移动终端为特征的移动新媒体时代，其实为困顿中的传统媒体提供了一个变革与重生的机会。传统媒体要成功转型实现与新媒体的融合发展，就必须首先在理念上完成转型，树立用户中心意识，建立连接与开放的思维模式。

### 2. 用户及用户关系

　　在移动互联网时代，传媒行业已越来越不具备单独的商业闭环模式。传媒行业原先的线性产业价值链正逐渐演化成网状的生态圈，进化为一个以用户为中心，实时互联、高效协同的产业生态网络。用户即阵地，用户即价值。因此，用户管理是传统媒体在移动互联网时代实现华丽转身的核心所在，以用户理念取代先前的受众理念，变受众为用户是传统媒体成功转型的关键。所有的运营都是围绕用户、围绕人来进行的。用户不是一类人，而是每一个人，所以每个人及其个性化的需求成为新闻生产及媒体运营的起点和终点。

### 3. 连接与开放

　　移动互联网时代的媒体逻辑已经发生了重大变化，现在的媒体逻辑为"重建入口+重构关系+制造场景"。所有的内容都以用户为中心，让用户去制造、分享、传播和接收信息。那么如何让用户参与到内容的生产与传播中来呢？连接至关重要，即连接人和人、连接人和信息、连接人和社会。

　　同时，传统媒体应开阔视野、扩大格局，不能仅盯着自己熟悉的新闻内容，而应当将眼光投向更为广阔的市场空间，在产业整合和市场协同中寻找、激活和整合相关的资源，形成新的服务于社会的功能。换言之，传统媒体要善于利用他人的资源、品牌、渠道去做传播和为社会服务，这是媒体融合和市场"碎片化"带来的机遇。

#### 4. 运营用户及其社交关系是媒体运营的转型方向

传媒行业未来有前景的商业模式，不是以信息传播为主的商业模式，而是以互联网为平台，以用户为核心，以用户间的关系为传播机制，以互动为内容生产的动力，以多媒体为特色，新闻、资讯、服务、社交、产业有机融合的商业模式。以用户平台作为起点，发展用户、留存用户，在互动关系的基础上实现增值服务，才是移动互联网时代真正的价值交换之道。

#### 5. 平台型生态组织系统是传统媒体转型的最终目标

融合新闻传播与新的生产要素，顺应用户需求的变化，重塑传播逻辑，是传统媒体转型的战略选择。如果传统媒体只是在自身内部，打通采编流程、发布渠道这些关节点，或者将已有的多种媒体形式进行整合，再加一些微博、微信等账号运营，想要进入未来的新型主流媒体行列恐怕是很难的。媒体通过转型要达到的深度融合不是局部、个案、项目的融合，而是多层次、全覆盖、平台级的融合。"平台"具有生产机制和聚合作用，可以把新媒体时代的用户、内容、渠道及其他生产要素以新的形式融合。内容和运营双管齐下，聚集亿级用户流量和千万级日活跃度，在此基础上形成媒体生态平台和用户流量平台，应该是传统媒体转型的最终方向。运营用户及其社交关系是媒体运营的转型方向，平台型生态组织系统是传统媒体转型的最终目标。

#### 6. 未来媒体竞争的核心能力取决于影响力的变现能力

迄今为止，传统媒体创办的新媒体与互联网企业相比，无论是在用户数量、影响力方面还是在市值、体量方面都差距巨大，市场上用户规模过亿人、日活跃度过千万人次的平台级新媒体至今都不为主流媒体集团所有。通过构建平台对流量进行收入变现，从另一个角度说，也就是对媒体影响力的变现。传统媒体的公信力、影响力是其与科技互联网公司、各类泛媒体竞争的核心资源。传统媒体要思考怎样把影响力变现、把受众变为用户，否则媒体的声誉和公信力都将是没有落地能力的空中楼阁。

# 1.7 融媒体运营的体系认知

当前融媒体运营的核心思路是从传统媒体向新媒体进行过渡、转型，围绕用户运营、内容运营、活动运营三大运营体系。三大运营体系不是单独存在的，而是在实际运营的过程中相互依存的，其核心都是以用户为主。

## ↘ 1.7.1 用户运营

用户运营是指以用户为中心，遵循用户的需求设置运营活动与规则，制订运营战略与运营目标，以达到预期所设置的运营目标与任务。活动运营、内容运营都可以说是服从于用户运营的，虽然不同产品的用户运营的侧重点会有不同，但是几乎都可以分为这3个核心目标：用户规模，即实现产品目标用户的最大化；活跃用户规模，即让用户保持合适的活跃频次；用户商业化，即通过用户来实现产品的营收，不管是前端收费还是后端收费。商业互联网产品要实现盈利，就要做到用户商业化，要做到用户商业化就必须保证用户的活跃规模，没有活跃度的产品很难找到收入的来源，而用户的活跃规模又受到注册用户规模限制。所以，怎么做好用户运营就是一个尤为关键的问题。

### 1. 寻找正确的目标用户

不管是产品还是运营，重要的是找到目标用户，产品要根据目标用户去设计和开发，运营要找到目标用户，让目标用户使用自己的产品，然后再获得用户的反馈意见，这其中还可能会涉及目标用户的变动。

首先，选择好的市场，好的市场有两个关键点。一是市场规模合适。规模太大，在初期很难追上巨头，或者会面临很多竞争对手；规模太小，可能无法满足自我发展。二是市场正处在大变化中，如技术变革、政府监管的变化，商业模式的改变。如果市场不是处于大变化中，那么很难去跟在这个市场的头部竞争。

其次，定义用户和场景。在产品已经确定好目标用户的时候，运营要做的就是寻找正确的用户群体。用户只是一个抽象的概念，或者是某种需求的集合体，所以，运营者应该考虑用户是谁、用户有多少以及用户在哪里等问题。

### 2. 低成本精准获取初期用户

公司处于探索期，一般不能拿出大量经费去获取用户，而且现阶段要求精准获取用户，不要求数量，所以在获取初期用户的时候，追求的是精准和低成本。把目标用户的需求区分为线上和线下场景，然后根据需求的上下游场景找到用户聚集地。用户的聚集地就是运营获取用户的渠道，使用哪个渠道视团队所拥有的资源和人才而定。

### 3. 培养目标用户的忠诚度

慢慢地有用户开始使用公司产品时，运营者要把第一批种子用户培养成忠诚用户。这批用户如果没有成为忠诚用户，或者说用户的首选不是本公司产品，这就说明产品可能存在问题，需要不停地修正产品以满足用户需求。在这个过程中，运营者还要建立一整套培养忠诚用户的机制，为以后的大规模获取新用户做好准备。获得一个忠诚用户，需要经历以下5个阶段：不忠诚、习惯、满意、偏好、忠诚。

### 4. 捆绑核心用户

核心用户是指对产品的核心业务产生极大影响的用户。当目标用户具有一定的黏性后，要保持所有用户的忠诚度，需要很大的投入，对于一个创业公司来说，各方面资源都有限，能做的只有保持核心用户的活跃度，为后面的运营工作做好准备。运用用户激励方法捆绑核心用户，本质上是利用用户需求，结合产品的核心业务，对符合产品价值的用户行为进行奖励，常用的方式有积分、提升用户等级、赠送礼品、赠送独享功能、打造名声等。

不同类型的产品适用于用户的激励方法不同。社区产品会激励用户生产内容，电商产品会激励用户购买商品和评论，目的都是激励用户做出有利于产品的行为。目标用户做出满足公司产品的需求的行为后，可以得到想要的激励，这对用户来说就是惊喜，这个惊喜会不停地激励用户继续前面的行为。用户运营的意义有以下两点。

（1）获得用户好的口碑

在流量获取成本越来越高的今天，用户运营有助于用户更好地了解产品，有助于产品获得好的口碑。

（2）推动产品不断完善

用户运营有助于拉近与用户的距离，可以第一时间收到用户对产品的反馈，了解用户对产品更多的有价值的需求，从而不断推动产品改进。

## ↘ 1.7.2 内容运营

内容运营用于连接用户。运营者需要重点关注内容的定位、设计与传播，找到差异化的内容定位，创作优质的内容，辅之以较好的内容传播，从而触达更多的用户。

"内容为王"是媒体运营的经典理念，但在当下融媒体兴起的时代，对它的理解与认知发生了改变，甚至受到不同程度的质疑。无论媒体行业如何转变，"内容为王"强调的都是媒体对自身核心竞争力的理解。在互联网时代，"内容为王"的媒体运营理念至今仍未改变，内容仍是融媒体企业的产品和核心竞争力。并且，内容建设比过去更加重要，也更具竞争力。

今天，媒体从业者清楚地认识到，传统媒体在经受前所未有的挑战之后，已经面临淘汰或转型，尤其是互联网的兴起，改变了传统媒体的基本态势。一些传统媒体被迫关停，另一些传统媒体则顺应时代的观念对业务进行了大幅度的调整与变革，由此而幸存下来，甚至在业务上做得比过去更加突出。特别是经过最近十来年的发展，媒体行业实际上已经全面进入了融媒体时代。也正因为一个全新的融媒体时代的到来，互联网时代媒体的认知理念、经营方式等都发生了巨大的变化。

尽管"融媒体"是一个全新的概念，但是，早在一二十年前，随着互联网在世界范围的发展，走在前沿的一些西方媒体就已经竭力构造这一全新的媒体架构，并在实践中形成了自己的发展之路。也就是说，欧美等国家的媒体界已经对融媒体有着相对清晰的认识、定位与经营理念。

融媒体充分利用媒介，把报纸、杂志、广播、电视、网站、微信公众号、微博等不同媒体，在形式、内容、人力、管理等方面进行全面整合，形成"资源融通、内容兼容、宣传互融、利益共融"的新型媒体。以人民日报为例，在推进媒体融合发展方面，该报实现了用户的全方位覆盖、传播。人民日报新浪微博、人民日报微信公众号、人民日报客户端等，在加快推动人民日报媒体融合发展方面起到了十分重要的作用。人民日报社新媒体中心则致力于加快各类新媒体发展，努力形成以人民日报客户端为核心的移动传播新格局。同样，中央广播电视总台也早已经全面步入融媒体发展格局。除43个频道向全球直播外，中央广播电视总台还开设了包括央视网PC端、CBOX央视影音、央视新闻、央视悦动在内的客户端，以及央视新闻新浪微博、央视新闻官方微信、央视网（CNTV）等。在传媒行业，不仅传媒巨头全面转向融媒体，其他传统媒体也进行了相应的转型，就连一些小型传媒公司也步入融媒体的道路，有的还做得十分成功。可以说，单纯的纸质媒体时代已经一去不复还了。

融媒体把报纸、杂志、广播、电视、互联网的优势进行整合、利用，使其功能、手段、价值得到全面提升。融媒体最大限度地发挥了传统媒体与新媒体的优势，使单一媒体的竞争力变为多媒体的竞争力。尤其是在能够快速传输数据、高质量音频、视频和图像等的4G网络普及之后，手机阅读已成为人们日常、普遍的阅读习惯，融媒体更加展示了其独有的优势。

很明显，与传统媒体相比，融媒体发生了巨大变化，它自有的特质与优势是传统媒体无可比拟的。融媒体带来了高时效、碎片化、互动性（社交化）、深入性、短暂性、颠覆性的阅读与交流。过去，报纸、广播或电视发布的新闻信息被视为基本的信息来源；现在，所有的新闻信息被个性化重新定义，有思想、有个性、有传播能力的非媒体人发布的新闻信息也能得到受众的关注，媒体人和受众的界线划分正在淡化并消失。此外，以H5（在线制作）及艺术、娱乐轻悦化为代表的媒体参与形式，体现了身临其境的体验性，这代表了融媒体对社会的开放性和互动性。与此同时，内容提供与编辑、主题策划、信息采集、媒介产品、媒介所有权、新闻表达和记者技能的融合等，都有了新的形式和升级。

在变革过程中，过去媒体的从业理念与经营理念也正在发生变化。媒体从业者在不断发展和创新中，对过去的媒体经营理念进行清理、修正和重造，并努力提出更能适应新媒体的方针和理念。

## ↘ 1.7.3　活动运营

活动运营是融媒体运营的一种重要形式，可以在短时间内快速提升用户的参与度。

活动运营需要关注策划、执行以及复盘等环节。活动运营的关键点是跨界与整合，与其他行业的公司联合举办活动，同时整合各方面的传播资源，确保活动效果。

现在，越来越多的传统媒体不满足于单一的传播者角色，逐步向活动家转型，积极地组织各类社会活动、产业活动、品牌活动，在履行媒体责任的同时，将良好的社会形象转化为品牌形象，进而扩大社会影响。

媒体活动与社群运营相辅相成。一方面，媒体可以通过品牌活动刺激老社群的活跃度和忠诚度，让老朋友"玩得好"；另一方面，媒体可以通过组织新活动锁定精准圈层，建立新社群，扩大受众覆盖面，让新朋友"玩起来"。

就社群运营而言，既有"应变"，又有"不变"。当下的传播市场，用户行为趋于社交化，消费时间趋于碎片化，优势媒体趋于平台化，无论在新媒体内容运营上还是产品研发上，都应该以服务用户的目标指导工作，从用户的角度思考，提升媒体融合能力，注意创造性转化、创新性发展，设计出更多正能量、更出彩、能广泛传播的优秀融媒产品。

## 思考与练习

1. 传统媒体与新媒体的特点分别是什么？二者之间的差别与联系分别是什么？
2. 传统媒体与新媒体的融合策略主要有哪些？
3. 融媒体运营的体系分别是什么？

# 第 2 章
# 融媒体运营的策略

学习目标

- 了解融媒体运营者应具备的能力素养。
- 了解融媒体运营工具。
- 掌握基于用户运营、内容运营、活动运营的策略。

素养目标

- 培养融媒体运营者应具备的综合素质，掌握融媒体运营者应具备的技术能力。
- 恪守职业道德、积极宣传社会主义核心价值观。

融媒体时代具有十分鲜明的特征，其要求媒体机构能够灵活运用多种传播媒介，在很大程度上解决了不同传统媒介之间相互割裂的问题。我国诸多媒体机构均已打造融媒体平台，对媒体从业者的综合素质水平及专业技术提出了更高要求。融媒体运营者必须适应融媒体时代信息传播方式的转变，学会使用运营工具，熟练运用融媒体进行运营，以及掌握融媒体运营策略。

# 2.1 融媒体运营者的能力素养

融媒体背景下，媒体运营者必须不断提升能力和素养，进行自我反思与转型发展，才能在新时代背景下，履行好新闻传播的使命和责任。

传统媒体与新型媒体融合发展的进程中，信息传播介质和媒体生态发生了较大的转变，当今时代背景下，媒体融合已经成为该行业未来发展的主要方向。为了更好地适应这一环境，媒体运营者要不断强化自身的媒介素养与综合能力。

## 2.1.1 融媒体背景下对媒体运营者的要求和挑战

### 1. 提出的要求

我国诸多媒体机构均已打造融媒体平台，对媒体从业者的综合素质水平及专业技术提出了更高要求。融媒体背景下合格的媒体从业者不仅要具备较强的新闻敏锐度，还需要具备灵活运用融媒体技术的能力。融媒体背景要求每个媒体运营者均应了解微博等新媒体平台推送和发布的最佳时机，并且能够运用照片后期编辑技术对图片进行多样化处理，以及熟练使用现代化办公软件等。

为了更好地发挥融媒体平台优势，满足更多用户的新闻需求，媒体运营者需要能够准确抓住社会热点话题，并以此为核心开展针对性的活动。

总而言之，融媒体背景下，媒体运营者只有不断提高自身的专业技术水平与能力，才能适应当今时代的发展。

### 2. 面临的挑战

融媒体背景下，媒体运营者开展相关工作的过程中，需要运用多种传播手段，促进新闻信息的广泛传播，所以采编基本技能是其必须具备的工作技能，在此基础上还要了解不同媒体传播途径的特点以及优势。在进行新闻信息和资料采编的过程中，媒体运营者需要充分发挥不同媒介的优势，遵循新闻传播的规律，利用新媒体手段第一时间进行采访，将视频及音频采访资料整理为新闻素材，并根据不同媒体的新闻传播规律，形成最适合的新闻稿件。媒体运营者还要具备人际交往能力，要善于与人沟通交流，能够精准提炼交流过程中的有价值信息。最后，媒体运营者需要定期对采访记录进行整合归纳，为后期素材的整合再利用提供便利。

## 2.1.2 融媒体背景下媒体运营者应具备的能力

### 1. 鉴别力与捕捉力

新闻记者具有十分重要的作用，要加强正面引导，充分发挥新闻记者在新闻传播过程中的积极作用。因此在融媒体背景下，新闻记者必须具备正确的世界观、人生观与价值观，掌握扎实的思想政治理论知识，并具备较高的政治修养与道德品质，从多个渠道采集新闻，同时应具备清晰的思维辨别能力及较高的新闻敏锐度，这样才能精准捕捉新闻信息的要点。

新闻报道应将热点聚集于民生新闻，关注广大人民群众的切身利益，对新闻信息进行全面挖掘，以立体化的方式展现给新闻受众，不仅要保障新闻内容的真实性、完整性，还要正确引导新闻舆论。

### 2. 网络媒体运营能力

融媒体时代背景下，现代网络技术飞速发展，为广大媒体运营者的工作提供诸多便利。所以，媒体运营者必须具备良好的网络媒体运营能力，充分发挥媒介资源的优势，不断探寻媒体新的发展路径，真正推动媒体行业创新发展。媒体运营者应负责各自领域的工作，充分发挥网络媒体运营能力，提高工作效率与质量。例如，新闻内容提供者应加强新闻信息的采集和筛选，并做好编排；新闻媒体传播运营者应有效把握新闻信息的传播方式与路径。只有媒体运营者细分工作内容，并在各自工作岗位中不断提高自身的综合素养与能力，才能促使新闻行业在融媒体时代背景下不断提高整体水平，进一步拓宽新闻传播途径，正确把握舆论的发展方向。

### 3. 新闻整合能力

融媒体时代的到来，对新闻工作提出更高的标准和更加严格的要求，特别是当今融媒体时代背景下，每个人都可以成为新闻传播者，每天都会产生大量的新闻信息。作为媒体运营者，主要的工作内容是帮助广大受众从海量的新闻信息中筛选出具有真实性和价值的新闻素材，通过整合编排，形成完整的新闻内容，呈现给广大新闻受众。在新闻信息筛选和整合编排的过程中，媒体运营者应具备较强的新闻整合能力，能够从专业角度着手对新闻信息和素材进行分析，挖掘新闻素材的潜在价值，使其在传播过程中引发广大群众的探讨和深思。在进行新闻信息整合与编排的过程中，媒体运营者需要站在新闻受众的角度思考，保证新闻信息的准确性及发布的及时性，并对广大新闻受众形成正确的引导，使其透过现象看本质。

融媒体时代背景下，媒体运营者只有具备良好的新闻鉴别力与捕捉力、网络媒体运营能力及新闻信息整合能力，才能为广大新闻受众提供有价值的新闻内容，并适应时代的发展与不断进步。融媒体时代的到来为媒体从业者思想理念的更新提供了契机，媒体运营者必须正确认知自身的不足，并不断提高媒介素养与核心能力，才能在当今时代体现出较强的竞争力，获得可持续发展。

### 4. 文字表达能力

虽然在新媒体团队中已经有编辑、文案等专业的文字撰写岗位，但新媒体运营者也需要具备一定的文字表达能力。

在撰写方案并与团队沟通时，新媒体运营者要能用文字将思路表达清楚；面向用户的活动规则、课程大纲等简单文字，一般也会由新媒体运营者直接撰写。如果表达能力有限，撰写的内容就可能出现歧义。

### 5. 项目管理能力

项目的推进通常需要计划、沟通、协作、执行、反馈等步骤。新媒体运营者需要具备项目管理能力。

如发布一篇推广文章，新媒体运营者需要进行整体的项目管理。第一步，制作进度表，设计文章发布的每个环节所需要的执行者、截止时间等细节。第二步，整理文章需求并与编辑充分沟通。第三步，编辑或撰写文章时，新媒体运营者需要随时关注并提供相关素材。第四步，文章完成后，新媒体运营者需要与推广专员沟通，布局推广渠道。第五步，监控推广效果，随时优化并做好复盘。以上一系列动作都建立在新媒体运营者做好统筹规划的基础上。

### 6. 人际沟通能力

新媒体运营不是一项独立的工作，必须进行多方沟通。新媒体运营者需要进行内部沟通，将文案需求、设计需求、产品功能需求等准确地传达至相关部门或小组；同时也需要进行客户沟通，随时了解客户需求并做好沟通反馈。

### 7. 用户洞察能力

新媒体账号的平稳发展得益于日常的稳定运营，账号的跨越式提升通常来自阶段性的爆发式运营，如一篇"10万+"阅读量热门文章、一次刷屏级H5等。

### 8. 热点跟进能力

新媒体的受众与报纸、电视等传统媒体的受众不同，以年轻人居多。因此，新媒体运营者必须随时关注热点并及时跟进。

不过，如果一味追求热点本身而不注重项目与热点的关联，就很有可能会出现"网友一笑而过，并不买单"的情况。因此在跟进热点时，新媒体运营者必须将热点与项目定位相结合。

### 9. 渠道整合能力

新媒体运营者通常会面对两类渠道：一类是内部渠道，包括线下门店、线下广告牌、线上账号等；另一类是外部资源，如外部合作公司、线上相关行业网站、微信公众号等。

新媒体运营者需要懂得渠道整合、借助更多资源的力量推进新媒体工作，才有可能将运营效果最大化。特别是如果在运营中尝试与外部渠道跨界创意合作，会使网友眼前一亮。

### 10. 数据分析能力

除一些大型互联网公司外，专门设置新媒体数据分析师岗位的媒体机构并不多。因此，新媒体运营者通常需要充当数据分析师的角色，懂得基本的数据分析，会使用数据分析软件或更专业的数据分析工具，进行数据预设、过程监控、数据总结等工作。

同时，处于管理岗位的新媒体运营经理、总监等，除了对运营数据本身的分析外，还需要对团队业绩、员工绩效等进行分析与考核。

# 2.2　融媒体运营工具

本书基于融媒体运营场景下的用户运营、互动运营等场景，分别提供了一系列的融媒体运营工具。

## 2.2.1　用户运营工具

用户运营工具是指在融媒体运营的场景中通过各类渠道和各类机制吸引用户触达的工具，包括红包、内容分享等。

### 1. 红包

红包相关的功能服务包括红包的发送、领取以及红包的形态等。根据适合的场景向用户发放红包，如在邀请用户拉新时、用户打开App中某个菜单时、用户参与了某个活动时、在播放的直播互动中，可以有效地实现用户拉新、留存等运营效果。

### 2. 内容分享

内容分享是融媒体运营中一种常见的用户导流方式，其利用一些高质量的内容在新媒体各个渠道进行传播分发，达到很好的传播效果，并在传播页面中植入App下载的引流导航，凡用户在该页面进行互动，如评论、领取红包等，则需要下载App，从而达到向App引流的效果。

## 2.2.2　用户促活工具

用户促活工具是指在融媒体运营的过程中，提供新闻爆料、圈子、话题、评论、点赞与打赏等功能的软件工具。

### 1. 新闻爆料

用户通过客户端的爆料模块，以图文、视频、音频的方式发布自己的爆料信息。后台管理员审核爆料的内容，审核后呈现到App端，所有的客户端用户都可以对爆料进行评论。

### 2. 圈子

用户可以根据自己的兴趣聚合在一起形成兴趣圈，通过客户端自行创作并发布图文、视频、音频等多种形式的内容。同时，用户可在圈子中进行留言、评论、互动，促进用户的活跃度。

### 3. 话题

话题是建立用户连接、提高用户活跃度的一种场景的功能形态。管理端可以结合场景、热门事件等发布一些高质量的用户感兴趣的话题，让用户基于这个话题以文字、图片、视频等方式进行讨论互动；同时可以结合一些红包场景，让用户积极参与到话题的讨论中。

### 4. 评论、点赞与打赏

评论：用户可评论新闻内容，也可以针对评论进行点赞、回复、分享等操作。评论管理模块分为后台管理和终端呈现两部分。后台管理端提供了对文章评论的统一管理功能，可对评论进行自动审核、人工审核的流程配置。后台管理端可以对评论进行筛选过滤、审核、删除等，终端用户可以基于文章内容来查看评论，对评论进行点赞、回复，达到互动效果。

点赞：用户可对内容进行点赞、取消点赞的操作，以表达对创作内容的态度。同时后台管理端可以设置该文章是否允许点赞支持。

打赏：用户可以在终端使用虚拟币、积分、现金等对创作的内容进行打赏支持，这有助于增强作者与用户的互动，加强自媒体作者对内容创作的积极性。后台管理端可以设置该文章内容是否支持打赏。

### ↘ 2.2.3　用户留存工具

用户留存工具是指在融媒体运营中，提供会员中心、积分商城等功能的软件工具。

#### 1. 会员中心

用户会员相关的功能服务，包括注册、登录、密码找回、黑名单等一系列功能服务，运营部门通过完善的会员成长体系进行管理，设置各个场景下的会员积分规则，给予不同级别的会员不同级别的功能服务，同时让用户用获取到的积分来兑换积分商城中的商品，让活跃度高的用户消费积分，实现用户运营体系中的闭环，提高活跃用户的留存率。

#### 2. 积分商城

用户可使用App获得的积分兑换积分商城中的商品，打造积分闭环，使用户保持活跃。在积分商城添加参与积分兑换的商品时，可设置商品信息、所需积分以及用户兑换方式。

### ↘ 2.2.4　广告系统

在互联网和新媒体高速发展的多屏时代，广告的应用可作为流量变现的盈利模式。广告系统可支持在新媒体场景下的各种终端、各种形态的广告投放。

## 2.3　融媒体运营管理

融媒体运营管理是一项复杂的系统工程，运营机构需要清醒地认清自身形势，根据市场需求，制订运营战略，编制运营规划，以便对机构发展提供清晰的解决办法和思路。

### ↘ 2.3.1　媒体融合下媒体运营管理面临的挑战

媒体融合给传统媒体带来了前所未有的冲击，导致电视、报刊、广播等媒介陷入生存危机，新媒体逐渐渗透于公众生活的方方面面，对受众的信息获取渠道、信息传播方式、信息构建方式起到了重要影响。在纸质媒介功能弱化的背景下，媒体融合打通了媒介之间的原有界限，构建起不同媒介之间信息沟通的桥梁，同时也向媒体运营管理提出了新的挑战。

### ↘ 2.3.2　媒体融合下媒体运营管理的可行性对策

融媒体机构要实现可持续发展，不仅需要以自身内部资源进行精耕细作，更要对外部优质资源进行有效整合。

### 1. 加深媒介组织的结构性融合

媒介组织的作用在于开展大众传播，以满足受众对社会信息的需求。在媒介融合的大环境下，媒介组织的深度融合能够优化自身媒体结构，从而使媒介组织发展获得新动力。

### 2. 利用现有资源优势提高媒体融合服务质量

网络中每天都会有海量信息产生，尤其是在开放的新媒体环境下，这些信息的质量往往无法保证，这就需要媒体运营者进一步加大对媒介信息的管理力度，做好信息把关工作，过滤、清理其中的不良信息，这样才能保证信息质量，控制不良信息的传播。

### 3. 进行媒介战术性联合

媒介之间的战术性联合成为媒体融合背景下的必然要求，这有利于消除传统媒体和新媒体之间的行政壁垒，建立媒体机构部门间的互动沟通平台，从而在信息流通、内容营销、传播途径等方面形成联动效应，从而强化融媒体优势。

### 4. 寻找价值链突破点

在媒体融合背景下，媒体运营管理的单一市场价值逐步被弱化，面对这一发展趋势，媒体运营者要深度发掘价值链内涵，针对传统媒体在媒体融合中遇到的问题进行深入分析，从中寻求新媒体运营的有效经验，通过媒体融合和资源配置找到新的突破口，稳抓机遇，结合自有价值链探索更广阔的增值空间，充分整合资源优势，寻求媒体融合下的发展路径。

### 5. 利用媒体融合定位受众

在媒体融合背景下，无论是传统的电视、报刊、广播，还是新兴的网络媒体等，融合的目的都是提高信息的共享价值。媒体融合能够满足不同受众的信息需求，在多元化的信息推荐中，受众能够更快地锁定信息内容，减少信息选择成本，避免在信息选择中做无用功。

### 6. 依托战略创新深化新媒体价值认同

在媒体融合的发展背景下，媒体的运营和管理要形成良性循环，这是一个循序渐进的过程。媒体机构要结合宏观战略目标，深入开展媒介改革，根据相关制度制定媒体发展战略，为媒体融合的顺利推进奠定良好基础。

媒体运营者应具备专业的信息技术和媒体管理素养，在此基础上，还要有意识地提高自身媒介传播素养，认识到大众喜欢怎样的信息传播方式和内容，突出信息传播"短、快、新"的特点，运用新颖灵活的媒介语言突出信息主线，以此增强媒介与用户之间的沟通互动，提升媒介运营活力。

## 2.4 基于用户运营的策略

用户运营需要制订清晰的策略，明确用户运营的基本概念，围绕用户运营实施拉新、促活、留存及转化等工作，绘制用户画像，搭建用户体系，创新设计用户运营策略，最大限度地发挥用户的主观能动性。

## ↘ 2.4.1　用户运营的基本概念

用户运营指的是以用户为中心搭建用户体系、开发需求产品、策划相关活动与内容，同时严格控制实施过程与结果，最终达到甚至超出用户预期，进而实现企业新媒体运营目标。

新媒体运营中，用户是核心。不论是开发产品、设计活动，还是策划内容，都需要围绕用户。如果不重视用户运营，就会面向大量不精准的用户开展新媒体工作，造成资金与精力浪费，最终无法有效提高转化率、曝光量等数据。

用户运营工作主要围绕4个方面展开，包括用户拉新、促活、留存及转化。

（1）用户拉新

通过微信、微博、论坛、社群、线下等渠道进行推广，邀请新用户注册或试用，其目的是提升用户总体数量。

（2）用户促活

通过简单易懂的新用户教程、创意的用户活动以及多种用户互动的形式与激励机制等方式，让用户每天多次打开软件，其目的是提升用户活跃度。

（3）用户留存

通过后台分析用户数据、完善积分体系和用户成长体系，以策划活动、增加功能或者发放福利等形式留住用户，其目的是提高用户的留存率。

（4）用户转化

在平台拥有一定的活跃用户后，尝试通过广告投放、下载付费、会员充值等方式获取收入，目的是提高转化率。

## ↘ 2.4.2　用户运营的核心工作

围绕拉新、促活、留存及转化，用户运营可以展开大量细节工作。其中核心的工作是以下几点：一是绘制用户画像，为用户运营锚定方向；二是搭建用户体系，打牢用户运营的基础框架；三是寻找目标用户，提高用户质量；四是设计用户玩法，提升活跃度并减少用户流失。

### 1. 绘制用户画像，为用户运营锚定方向

提炼用户标签，利用若干关键词来描述用户的基本特征，标签是画像的轮廓，有了用户标签，用户画像就有了基本的框架。提炼用户标签可以用一个公式来描述：用户标签=固定属性+用户路径+用户场景。

### 2. 搭建用户体系，打牢用户运营的基础框架

在绘制好精确的用户画像后，运营者需要继续细分用户并搭建用户体系，为不同的用户设计差异化的运营方式。搭建用户体系时，可借助近期购买行为、消费频率、消费金额3个指标组成矩阵评估用户价值状况。根据以上3个指标，一般可将用户群体划分为一般保持用户、一般发展用户、一般价值用户、一般挽留用户、重要保持用户、重要发展用户、重要价值用户、重要挽留用户等8个等级用户。

通过积分会员体系等方式，进行指标定位、级别定义、分级运营。

对于活跃度高、消费次数多、消费金额大的重要用户，可以设置服务专员意见反馈

机制、红包奖励、积分奖励、荣誉奖励等。

当用户可能流失时，可以发送优惠券、红包、积分等尝试激活用户。

### 3. 寻找目标用户，提高用户质量

用户拉新的工作需要精益求精，大量不相关的用户会增加运营者的工作量，降低转化率，最终影响运营的效果。获取精准的用户主要的方式是识别用户渠道。

分析用户画像的公式：用户标签=固定属性+用户路径+用户场景，分析公式中的用户路径，识别用户的活跃渠道，做好渠道布局。

设计引入形式：识别精准的用户渠道后，需要再设计引入形式，引导用户关注公众号、下载App等。

给出引入理由：用户不会主动关注毫不相关的公众号或者下载App，因此要给出引入的理由，如下载App可以领取红包、商家优惠券或小礼品等。

### 4. 设计用户玩法，提升活跃度并减少用户流失

在融媒体用户运营的过程中，有效的运营价值来自深度接触的用户，也称为忠诚用户。获取一个新用户的成本往往高于挽留一个老用户，因此融媒体的运营者必须提升用户活跃度，降低用户流失率，将普通用户转化成忠诚用户。常用的策略包括内容、活动、功能、奖励、提醒等方式。

## ⬂ 2.4.3　案例分析

### 1. 济南广播电视台天下泉城App

济南广播电视台以电视与移动端互动的方式，互相借力促进，将天下泉城App真正打造成电视观众与电视节目互动交流的平台、济南广电服务受众的平台、市民反映诉求的平台。

济南广播电视台天下泉城App自2016年上线以来，快速成长为济南地区较有影响力的主流媒体平台，并被济南市委、市人民政府确定为官方发布平台。该平台在运营阶段，通过用户拉新、促活、留存等手段大力推广App，下载量已突破200万人次。

在初期用户拉新阶段，通过拉新送红包的模式来实现大量新用户的导流，通过互动平台提供的红包功能来设置相应的红包拉新规则及红包金额。用户通过邀请注册、邀请激活等方式来获取平台的奖励，进入App后即可领取奖励，在相应的界面中直接提现，如图2-1所示。

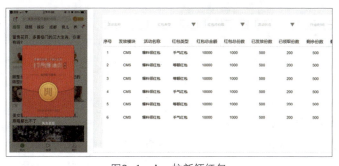

图2-1　App拉新领红包

在用户注册后，通过本地化的特色内容、本地特色的政务服务以及丰富的问卷调查、投票活动和用户生成内容（User Generated Content，UGC）、互动墙等功能将用户和平台有效连接，提高用户留存率。通过啄木鸟、曝光台、文明城等各类丰富的UGC爆料场景，吸引更多的用户积极参与爆料，同时开展各类丰富多样的活动让用户积极参与，如图2-2所示。

图2-2　App特色活动

同时在运营的过程中，有效地将用户的互动结果转化成积分，完善用户在各种场景下的积分获取策略和会员等级，利用积分商城增强用户的消费黏性，形成基于平台用户运营模式的运营闭环，如图2-3所示。

图2-3　积分管理

## 2. 深圳广播电影电视集团壹深圳App

截至2020年底，壹深圳App下载用户数超600万，深圳本地用户下载量占97%，日均活跃用户超过15万人，内容覆盖超过1 500万人次，已经成为深圳新媒体资讯平台中的坚实力量。在新经济行业数据挖掘和分析机构艾媒网的报告中，壹深圳App位列"2019年上半年中国媒体App总下载量排行榜"第43位，并被国家级期刊《中国广播影视》《现代传播》等发文推荐。壹深圳App如图2-4所示。

图2-4 壹深圳App

利用深圳广播电影电视集团做新闻的优势，结合新媒体的移动直播的优势，壹深圳App随时随地进行各类事件直播和活动直播，大大丰富了直播内容，如图2-5所示。壹深圳App通过本地化特色的互动直播活动，吸引了大量的活跃用户。

图2-5 活动页面

壹深圳App打造了统一的新媒体矩阵，利用深圳广播电视台各个优质频道进行用户运营。例如，深广电第一现场、深圳市广电公益基金会、深圳卫视_正午30分等众多微信公众号、微博联合矩阵运营，相互导流，形成集用户、内容、数据为一体的融媒体用户运营的新形态，如图2-6所示。

图2-6　新媒体矩阵

# 2.5　基于内容运营的策略

## ⬊ 2.5.1　内容运营的基本概念

在融媒体运营中，内容运营指的是运营者利用融媒体的各个分发渠道使用图文、视频、音频、直播等形式将要传递的信息清晰地呈现在用户面前，并激发用户参与的完整运营过程，如图2-7所示。

图2-7　内容运营

## ⬊ 2.5.2　内容运营的核心步骤

内容运营指的是系统性的运营工作，包括选题策划、形式创意、内容编辑、内容审核、内容传播、内容管控等核心的环节，如图2-8所示。内容运营是完整的运营流程，不只是发布一篇内容而已。内容运营对新媒体运营的整体效果起着至关重要的作用。

图2-8　内容运营的核心步骤

在融媒体内容运营的过程中，可以通过渠道用户画像、用户场景拆解和内容细节打磨等设计内容，结合场景设计传播模式，达到理想的传播效果。

好的融媒体内容运营有助于提高媒体机构的公信力、引导力、传播力、影响力。

## ⩗ 2.5.3 案例分析

### 1. 北京市顺义区融媒体中心

北京市顺义区融媒体中心依托三大技术平台——融合生产系统平台、大数据分析系统平台、新媒体内容管理系统平台，融合顺义广播电视台、顺义人民广播电台、《顺义时讯》报社三大传统媒体以及包括北京顺义App、北京顺义官方微信公众号、北京顺义官方微博、北京顺义官方头条号、北京顺义抖音号、顺义网城新闻版、顺义网城微信公众号、北京歌华有线新闻端在内的8家优质新媒体，着力构建"统筹策划、一次采集、多种生成、多元传播、科学评价、有效应用"的全新业务模式，进一步推动内容、平台、渠道、数据、技术、人才、机制、管理等方面深度融合。

在内容融合方面，北京市顺义区融媒体中心构建了面向北京市顺义区的综合性移动App，在App中实现了电视、广播、报纸的内容融合发布，实现了区级委办厅局、村镇信息发布，实现了区内企业、个人"融媒号"内容发布，以及内容向微博、微信、头条、抖音同步发送的能力；具备开展"政务、民生、新媒体活动"综合信息服务的能力，同时实现了电视台内容、广播电视台内容、报纸内容、网络直播内容的全面融合。北京市顺义区融媒体内容如图2-9所示。

图2-9 北京市顺义区融媒体内容

北京市顺义区融媒体中心在面向新媒体的内容传播矩阵中构建了北京顺义官方微信公众号、北京顺义官方、北京顺义官方头条号、北京顺义抖音号等，如图2-10所示，并将其内容统一整合在新闻客户端中，构建了新媒体传播矩阵。同时还通过融媒号的内容运营模式实现北京顺义全域的融媒号入驻，通过融媒号矩阵管理平台实现从内容的素材准备、编辑审发、数据分析、消息处理，到部门协同，解决政务新媒体跨平台工作中人手不足、运营缺位、协作困难等问题。

图2-10　各平台融合发布

　　基于融媒号矩阵管理平台的支持，媒体单位、政府单位、企事业单位、个人能够在统一终端以媒体号、政企号、自媒体号的方式发布文字、图片、视频等相关动态，为北京市顺义区融媒体平台引入更多的内容资源和用户流量，打好内容运营的基础，如图2-11所示。

图2-11　镇街道、委办局、企业、"大V"融媒号

### 2. 江苏有线观视界App

　　江苏有线观视界App通过线上线下联合营销，形成包装本地化内容+商品+电商模式。对于用户，使用App不再是简单地获取新闻资讯，而是有效地体验融媒体带来的便利。江苏有线利用内部2万名员工实行代销模式，打造微电商平台，有效利用本地化的特色商品和线上服务等，构建融媒体运营的内容电商模式，实现内容和电商平台的有效结合。江苏有限观视界App内容电商模式如图2-12所示。

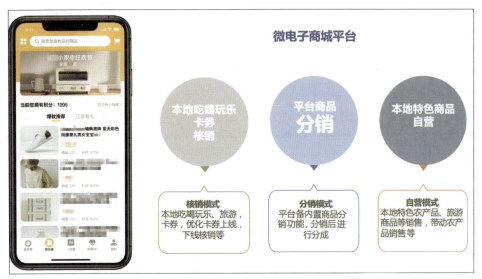

图2-12　江苏有线观视界App内容电商模式

### 3. 乌鲁木齐广播电视台红山眼App

乌鲁木齐广播电视台打造的红山眼App（见图2-13）通过内容直播的运营模式，利用商业直播，通过植入性广告等途径每场直播活动创收2万余元，年创收超70万元。

图2-13　红山眼App

# 2.6 基于活动运营的策略

融媒体的活动运营要着力于新闻产品的创意策划内容制作，大力推动网络营销活动。

## 2.6.1 活动运营的基本概念

网络营销活动是十分流行的一种公关传播和市场推广手段。网络营销活动如果能够有效传达企业想要推广的信息，就能在提高品牌影响力、用户忠诚度和关注度等方面发挥较大的作用。

### 1. 提高品牌影响力

策划成功的营销活动可以快速精准地吸引目标用户的注意，传递出品牌的核心价值，特别是影响范围比较广的营销活动，十分有利于提高品牌影响力。

### 2. 提高用户忠诚度

一般来说，网络营销活动是企业为了吸引用户关注和参与而打造的活动，用户参与活动的过程实际上也是产品和品牌深入用户心中的过程。如果活动举办成功，口碑效果良好，那么用户对品牌和产品的好感度和忠诚度都会有所提高。

### 3. 提高关注度

网络营销活动在新品推介、品牌展示、品牌识别和品牌定位方面发挥着重大的作用。企业的营销活动若策划得当且宣传到位，很容易吸引媒体的注意，进而被推广到更多第一次接触品牌的用户眼前，加深他们对品牌的印象，还可以影响对品牌触达度比较低的用户，使其变成真正的用户。

## 2.6.2 活动运营的核心步骤

融媒体运营的过程中要特别重视活动运营，因为活动运营具有快速提升运营效果的作用。基于用户和内容的运营可以稳定地开展融媒体的运营工作，而阶段性地开展融媒体活动，可以使运营效果在某个时期内快速提升。活动运营的核心步骤如图2-14所示。

图2-14 活动运营的核心步骤

### 1. 策划阶段

融媒体运营的活动始于策划，几乎超过一半的工作量在策划阶段。在活动策划阶段，运营者需要设计活动开始的时间，以及系列活动的周期计划。如何做好活动策划是活动运营中十分重要的环节，活动运营的效果一般体现在活动的参与度上，但是提升用户的参与度相当困难。因此运营者需要做好跨界与整合，提升用户参与度，确保活动效果。跨界整合的方式包括内容跨界、圈层跨界、IP跨界、渠道跨界等，如图2-15所示。

接着是目标分析和玩法设计。在每次活动开始之前，运营者需要把活动目标用户定义清楚，然后根据目标用户设计活动的玩法。同时将其数据埋点植入玩法中，便于活动过程中的监控，然后准备活动的物料素材，如活动的奖品、红包、积分等。

| 内容跨界 | ·内容跨界指的是合作方在活动文章、活动海报、活动视频等内容中相互植入对方的内容，在内容传播的过程中进行多次传播达到共赢目的 |
| :---: | :--- |
| 圈层跨界 | ·在互联网的发展过程中，网民的喜好呈多样化发展趋势，不同的喜好产生不同的文化圈层，不同圈层的跨界合作可以激活用户，获得超出预期的效果 |
| IP跨界 | ·IP原意是指知识产权，不过在被文化创意行业引入后，用户喜欢的小说、漫画、个人账号都会被看作IP。一个成功的IP实际上也是一种独特的文化现象，尝试不同IP的跨界合作，可以将IP影响力充分发挥 |
| 渠道跨界 | ·活动运营未必局限于互联网渠道，运营者可以尝试与其他渠道的品牌进行合作，打通线上、线下渠道，多维度放大品牌的声量 |

图2-15　跨界整合

## 2.　执行阶段

活动正式开始后，运营工作从策划变为落地执行。为了使策划阶段置顶的工作目标顺利达成，运营者需要协调整个团队，在活动预热、活动发布、活动执行等环节按照既定的方案精准执行。

## 3.　收尾阶段

在对外宣布活动结束以后，活动运营的工作实际上并未结束，运营者不仅需要整理出过程中的照片、视频、留言等，进行二次传播，还需要进行效果评估分析，总结活动经验，以便于后续活动的开展和进行。分析数据，评估活动效果；复盘过程，提炼活动经验。

围绕分析数据与复盘过程的两个层面，活动运营的步骤可以总结为埋、算、析、盘4个部分，如图2-16所示。

图2-16　活动运营的步骤

### 2.6.3 案例分析

#### 1. 深圳广播电影电视集团壹深圳App

壹深圳App（见图2-17）提供了丰富多样的互动形态，如摇一摇获取积分等。用户可以通过电视节目扫码参与摇一摇，从而加强了互动性。各种丰富的社区动态也大大增强了用户的互动性，促进了用户的活跃。

图2-17　壹深圳App

#### 2. 崇左、济南历下区等融媒体中心

崇左、济南历下区等融媒体中心通过打造本地特有的活动，根据活动策划的目的，选择活动所需模板和形式，有效落地活动的创意形式。融媒体中心利用一系列的问卷调查、投票报名等活动形式在App、微信等平台进行推广引流，如图2-18所示，通过互动活动的形式有效连接用户，增强用户黏性。

图2-18　本地特色活动

# 思考与练习

1. 融媒体运营者需要具备哪些能力？
2. 融媒体运营管理的思路是什么？
3. 用户运营、内容运营、活动运营的概念及核心步骤分别是什么？

# 第 3 章
# 用户运营工具

**学习目标**

- 理解融媒体用户运营环节中的用户运营概念。
- 理解用户运营中的拉新、促活、留存、转化流程。
- 掌握用户运营工具的核心功能和业务流程。

**素养目标**

- 掌握融媒体实践操作业务流程，通过案例演示和实际操作培养融媒体运营的业务素质。
- 通过用户运营工具的使用，明确融媒体新闻的导向作用，掌握用户运营工具创新内容表现的形式，提升传播效果。
- 学习使用客户端、用户社群、网络问政等联系群众平台，加强深度互动，吸引用户参与新闻信息等内容生产传播，提供线索素材、分享交流评论。

　　融媒体的运营除了需要具备基础的运营能力外，也需要掌握各类基于融媒体运营场景的运营工具，包括用户运营、内容运营、活动运营三大运营体系提供的一系列运营工具。其中用户运营涉及用户拉新、促活、留存、转化4个方面的工具。用户运营的完整流程也围绕这4个方面展开。

# 3.1　用户运营的核心价值

　　用户运营在融媒体运营中具备以下4点核心价值。

## 1.　保证用户基本的活跃度和贡献

　　掌握核心用户，可以确保用户基本的活跃度，保证产品的正常运转。很多产品在页面展现的优质内容是核心用户做出的贡献。

## 2.　直接获取用户反馈

　　用户运营是整个团队与用户之间的沟通媒介，可以确保双方的信息沟通，做出符合用户的决策。用户运营是团队获取最新信息的重要渠道，例如，用户反馈程序错误或提出意见。

## 3.　协助运营工作

　　一部分工作可以规范化、目标化，之后放权给用户来完成，这不仅可以共享知识和创意，还可以提升产品忠诚度。

## 4.　对于品牌价值，核心用户可以成为义务宣传员

　　如果遇到危机事件产生舆情等情况，核心用户会站出来维护产品形象。

# 3.2　用户运营的完整流程

　　融媒体用户运营核心是针对融媒产品（App、网站、新媒体渠道、OTT等）的用户进行统一规划及运营。对于用户运营而言，其具有完整的运营流程。

- 拉新：通过各类渠道和各类机制吸引用户，如社群、App。
- 促活：建立规则或机制，并通过一系列手段，如话题或活动等，促使用户活跃。
- 留存：让用户沉淀下来，并持续使用产品。
- 转化：利用相应的促销活动促进用户转化，使用户愿意购买产品或者完成对应的营销目标。

## 1.　用户拉新流程

### （1）确定用户范围

　　终端运营产品规划之初，就需要考虑运营所覆盖的用户范围，需要分析该产品最大可能覆盖的用户。以创新扩散曲线举例，如图3-1所示，新产品初期的用户范围应该聚焦在"创新者""早期采用者"和"早期大众"之间。用户的范围需要多维度精准确定和进行可行性验证测试。

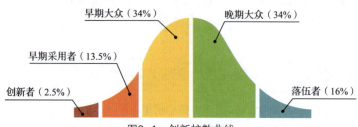

图3-1　创新扩散曲线

（2）选取种子用户

确定了用户范围之后，还需要从用户范围中选取第一批种子用户，类似冷启动。冷启动是数据挖掘领域中的专有名词，是指数据挖掘需要数据的积累，而产品初期数据为空或者数据量太少导致所需的数据量达不到要求。在产品初期，在没有形成完整的功能体系架构、内容和服务等都不完善的情况下，从零获取第一批用户的过程就是冷启动的过程。通过这些种子用户激活其他用户，能够获得更大的影响范围，从而获取更多的用户。

 **拓展案例**

> 知乎：向有影响力的专业互联网人士发邀请码。知乎创始人最开始采用"向熟人推荐"策略，即发送邮件邀请好友。2010年，知乎上线的前两个星期，他们就邀请了大约200位用户，多数是创始团队的朋友或同事，几乎全部来自IT创业圈，其中有不少媒体人或行业评论员，这个小圈子开始互问互答。但外界很难拿到邀请码，知乎在初始阶段几乎是全封闭的。当知乎一点点开放注册，直到用户数量达到2 000人的时候，便出现了雷军、李开复等IT名人，他们贡献了各种高质量的回答。他们也因为社区的纯洁性，首选知乎作为发声平台。
>
> MIUI：服务好前一百位用户。小米公司早在自家手机推出前，就通过发布MIUI积累了一批种子用户。当时小米的做法是从竞品网站中精心筛选并主动邀请了一批用户，请他们试用仍在不断完善中的MIUI，听取反馈意见，并将他们留在自家的论坛里。2010年8月16日，MIUI第一版内测正式开启，小米特地将这100个种子用户的ID写到了开机画面上以表达谢意。小米亲切地称这100个用户为"100个梦想的赞助商"，还以此为题材专门拍摄了微电影。

（3）用户传播裂变

在产品本身有增长和裂变能力之前，做推广和引流的成本是高昂的，效果一般也不会很好。运营者应该更多地思考如何打造产品的自生态，如何低成本的利用技术、利用用户本身的需求来获得有效增长。

裂变靠传播，传播靠口碑，口碑靠服务。裂变的核心是满足用户的需求，解决用户的痛点。解决了用户的痛点，使用户体验到良好的服务之后，产品才能引导和激励用户传播良好的口碑。

## 2. 用户促活流程

（1）用户分级

使用RFM模型对用户进行分级。这是从营销学中引入的一种对客户分类的方法，在众多的客户关系管理（Customer Relationship Management，CRM）的分析模式中，RFM模型是被广泛提到的。RFM模型是衡量客户价值和客户创利能力的重要工具和手段。该模型通过一个客户的最近一次消费、消费频率以及消费金额三项指标来描述该客户的价值状况。

RFM模型是一种工具和手段，主要包括以下3个维度：R是Recency，最近一次消费；F是Frequency，消费频率；M是Monetary，消费金额。例如，R指的是最近一次登录，F是一个月内的登录次数，M是产生内容的数量。如果一个用户是R5、F5、M5，基本可以肯定这个用户是社区的核心用户；而如果一个用户是R1、F1、M1，运营者就很清楚这个用户要么已经流失了，要么就是一个比较边缘的用户。

（2）用户激励

用户激励是游戏化思维在产品中十分明显的应用。清晰的目标、明确的规则、及时反馈的系统，并且用户有自愿参与的自由，这些都是一个好的用户激励体系的基本特征。用户激励体系的本质在于，通过树立清晰可感知的目标、有吸引力的奖励，引导用户做期望他们做的事情，从而传达产品意志。

常见的用户激励体系可大致分为等级体系、积分体系和成就体系。等级体系可根据用户在线时长设置等级晋升，积分体系可根据用户完成任务的行为进行奖励，成就体系可根据用户之间的互动数据进行激励。

（3）延长会员生命周期的3个方法

方法1：潜在—活跃的转化。

运营者要想办法让潜在用户转化为活跃用户，这样才可能获取一个会员。从这个角度出发，会员必须是活跃的用户，才对产品有价值。因此，运营者要考虑通过各种手段来促进用户从潜在用户向轻度活跃用户转化，如宣传、开展活动、奖励、发布任务等。

方法2：活跃状态的延续。

延长会员生命周期的核心在于延续会员活跃状态的持续时间。例如，一个活跃用户在某个平台上大概经过6个月，就开始逐渐不活跃甚至沉默。如果运营者能够通过一些手段将6个月延长到9个月，就成功延长了会员的生命周期。

方法3：活跃—沉默的推迟。

用户不会永远活跃，每个用户都会经历活跃—沉默的转变。只是，有些用户的转变过程是活跃度从重到中到轻，逐步变为沉默，而有些用户的转变过程则是突然沉默。把握用户的生命周期，想办法让用户的转变可控，而可控的基础是可预测。

对于这3个方法，从运营角度出发，要做的基本工作是建立基础的数据监控模型和进行周期性的数据分析，即数据监控不是监控用户的一切指标，而是关键指标。在这个前提下，企业才能思考如何延长会员的生命周期。

### 3. 用户留存流程

（1）流失用户

流失用户一般指的是一段时间内未访问或登录网站或客户端的用户。

不同网站对于流失的定义可能各不相同。对于微博和邮箱这类互联网应用而言，用户未登录超过一个月，就可以认为用户已经流失了。对于电商产品而言，3个月未登录或者半年内没有任何购买行为的用户可以被认定是流失用户。用户流失的原因可能为自然流失、初次体验不佳、易用性障碍或竞品拉力等。

（2）流失预警

① 构建流失用户模型。

● 用户行为，例如，用户流失前进行了哪些类似的行为。

● 用户属性，例如，性别属性、地域属性、年龄层次、兴趣特征等。

● 其他，例如，产品是否集中于某一渠道，是否发布了新版本产品，是否更改了产品的某些核心功能等。

② 定义流失用户。

● 用户使用周期图，从注册到流失每周使用次数。

● 流失轨迹图，多长时间未使用即确定为流失用户。

③ 关键指标。

● 到访次数、打开次数。

● 停留时间、使用时长。

● 访问路径、打开页面数。

（3）预防流失

挑出潜在的流失用户，设计活动、奖励，直接与用户沟通，尝试延长用户在产品中的生命周期（如采用短信、邮件、推送等手段）。

### 4. 用户转化流程

用户转化流程即从A到P的转变，A是指活跃（Active），P是指付费（Pay），也就是将活跃用户转化为付费用户的过程。企业可以使用"赠送""体验"等运营方法，促使活跃用户感知功能的便利性，这样可以更好地提高转化率。

## 3.3 用户拉新工具：融媒体内容红包分享运营

融媒体运营平台会提供一系列的基于用户运营的工具。本节将重点讲解用户拉新的运营工具，以及应用这些工具的思路和实操技巧。

### ↘ 3.3.1　运营红包的功能概述

如今，每一年春节都火爆的产品是微信红包。从记事起，红包就是春节里出现频率十分高的词汇，它贯穿整个节日，也深深地烙印在每个人的心里。因此，红包毫无疑问是春节期间每个人的底层需求。微信基于这个诉求开发的红包产品，可以很轻松地实现用户无限裂变拉新，在春节期间得到广泛的传播。

所以企业在做用户拉新方案时，不妨试着从用户的底层需求出发。

### ↘ 3.3.2　运营红包的核心功能介绍

红包应用提供与红包相关的功能服务，包括红包的发送、领取以及形态等。根据适合的场景向用户发放红包，可以有效地实现用户拉新、留存等运营效果。红包可较为灵活地广泛使用于以下融媒体用户运营的场景中。图3-2所示为红包的内容。

- App下载注册、微信公众号关注领取。
- 参与活动中奖，如摇一摇、游戏、竞猜等。
- 观看直播互动，在直播互动的过程中参与红包领取活动。
- 积分任务，如积极参与签到、浏览等任务获取积分，累计积分领取红包。

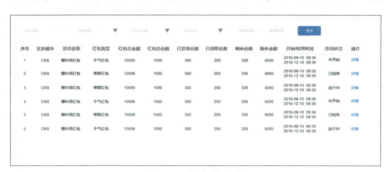

图3-2　红包的内容

红包应用主要提供了红包规则的创建、红包的审核提现、红包领取记录查询等核心功能。图3-3所示为红包的核心功能。

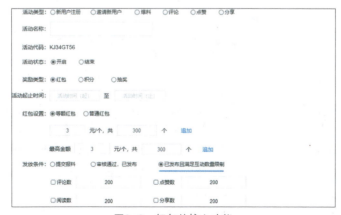

图3-3　红包的核心功能

借助图3-3中的功能，可实现多种类型的红包规则设置，如对新用户注册、邀请新用户、爆料、评论、点赞、分享等行为设置发放红包，同时可以根据一定的规则设置活动的起止时间、红包的种类和金额以及发放条件等规则。

创建的红包发放规则在列表中统一展现便于管理，如图3-4所示。

| 序号 | 活动类型 | 活动编号 | 活动名称 | 奖励类型 | 活动起止时间 | 创建人 | 创建时间 | 活动状态 | 操作 |
|---|---|---|---|---|---|---|---|---|---|
| 1 | 新用户注册 | KJG56D | 新用户注册领取红包 | 红包 | 起: 2019-02-13 18:00:00 止: 2019-02-20 18:00:00 | 天下泉城 | 2019-02-13 18:00:00 | 开启 | 详情 编辑 结束 删除 |
| 2 | 新用户注册 | GHF296 | 新用户注册领取红包 | 红包 | 起: 2019-02-13 18:00:00 止: 2019-02-20 18:00:00 | 天下泉城 | 2019-02-13 18:00:00 | 开启 | 详情 编辑 结束 删除 |
| 3 | 爆料 | K2TS4D | 且发布成功领取红包 | 红包 | 起: 2019-02-13 18:00:00 止: 2019-02-20 18:00:00 | 天下泉城 | 2019-02-13 18:00:00 | 开启 | 详情 编辑 结束 删除 |
| 4 | 评论 | L9SHUH | 评论领取红包 | 红包 | 起: 2019-02-13 18:00:00 止: 2019-02-20 18:00:00 | 天下泉城 | 2019-02-13 18:00:00 | 开启 | 详情 编辑 结束 删除 |

图3-4　红包的发放规则

后台记录所有红包的领取记录，包括属于哪次活动、领取人信息、领取的金额、领取的时间以及该活动总共发放的红包金额和红包个数等信息，方便管理员记录以及回溯。后台记录如图3-5所示。

图3-5　后台记录

### ↘ 3.3.3　运营红包的核心业务流程

红包应用的核心业务流程主要包括红包活动创建、红包规则创建、红包场次管理、红包活动设置、红包余额提现和后台红包领取记录查询。运营者可以通过红包后台管理系统和配套的具备红包发放功能的客户端应用程序实现红包面向客户端用户的发放。下面详细介绍红包管理后台的红包设置流程及客户端用户展示情况。

#### 1. 红包活动创建

步骤 01 登录红包后台管理系统，进入"红包提现管理"页面，如图3-6所示。

图3-6 "红包提现管理"页面

步骤 02 进入"红包活动管理"页面,如图3-7所示。

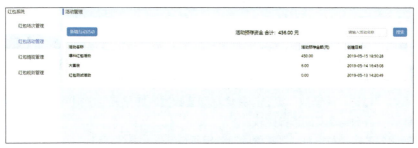

图3-7 "红包活动管理"页面

步骤 03 单击"新增互动活动"按钮,弹出"新增互动活动"对话框,如图3-8所示,在对话框中填写活动名称和活动预存金额信息。

图3-8 "新增互动活动"对话框

## 2. 红包规则创建

步骤 01 进入"红包规则管理"页面,如图3-9所示。

图3-9 "红包规则管理"页面

**步骤 02** 单击"新增活动规则"按钮，弹出"新增规则"对话框，如图3-10所示，在其中填写规则名称并设置触发条件。

触发条件包括点赞数、评论数、阅读数3个方面。

点赞数：勾选"点赞数"复选框并设置点赞数据。

评论数：勾选"评论数"复选框并填写评论数据。如果内容管理系统（Content Management System，CMS）设置评论需要审核，则对比CMS后台审核通过的评论数与该评论数据。

阅读数：勾选"阅读数"复选框并填写阅读数据，如果开启虚拟阅读数，则与虚拟阅读数比较，否则与真实阅读数比较。

如同时勾选多个复选框，则需要同时满足所有条件才发放红包。

图3-10 新增规则

### 3. 红包场次管理

**步骤 01** 新建"红包场次"，进入红包场次管理菜单，设置红包活动场次。单击"新增红包活动场次"按钮，如图3-11所示。

**步骤 02** 弹出"新增红包活动场次"对话框，如图3-12所示，在其中设置红包活动场次信息。

红包活动场次信息包括以下方面。

选择红包活动：选择已创建的红包活动名称。

活动类型选择：新用户注册、爆料。

图3-11 单击"新增红包活动场次"按钮

图3-12 "新增红包活动场次"对话框

活动场次名称：设置活动场次名称，便于活动场次的管理。

活动状态选择：开启或者结束。

选择红包类型：普通红包、手气红包。普通红包表示所有人的红包金额是一样的，手气红包表示每个人的红包金额是随机的。

活动起止时间：只有在此时间内参加活动才能领取红包。

活动使用金额：发放红包的最大总金额。

派发红包个数：发放多少个红包。

活动参与次数：该活动用户参与是否受限制。

活动发放条件：红包发放触发条件，如是否满足评论量、阅读量、点赞量条件，此条件设置仅限于爆料红包。

步骤 03 对红包场次进行管理，支持按照活动类型、活动编号、活动名称以及活动起止时间搜索查询红包场次，如图3-13所示。

43

图3-13 查询红包场次

**步骤 04** 在"操作"栏中查看单条红包场次活动的详情、开始和结束的状态，如图3-14所示。

图3-14 单条红包场次信息

## 4. 爆料红包活动设置

如果用户在客户端发布任意一条爆料内容，运营者需要在CMS后台爆料栏目中配置一个设置好的红包活动编号，如图3-15所示。

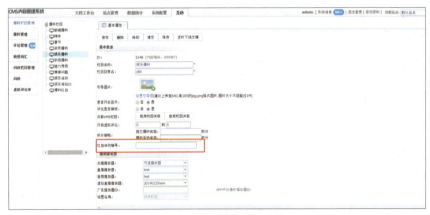

图3-15 配置红包活动编号

红包所属活动场次编号获取位置如图3-16所示。

图3-16 红包所属活动场次编号获取位置

## 5. App红包活动设置

当评论量、单击量、点赞量满足触发条件则给爆料的用户发红包；用户在App端登录时会看到红包，单击红包即可领取。用户进入个人中心，可查看已领取、待领取的红包，如图3-17所示。

图3-17 查看已领取、待领取红包

## 6. 红包余额提现

用户领取的红包可以在App中进行提现，具体操作方式如下。

在App"我的"页面点击"我的红包"，进入"我的红包"页面，点击"提现"按钮，进入"提现"页面。提现申请需要填写提现金额、真实姓名以及支付宝账号。用户可在App查看自己的提现记录，如图3-18所示。

图3-18　红包余额提现

用户发起的提现申请将统一展示在"红包提现管理"模块，后台管理员审核通过后，该红包将自动转入用户支付宝账户。提现订单详情如图3-19所示。

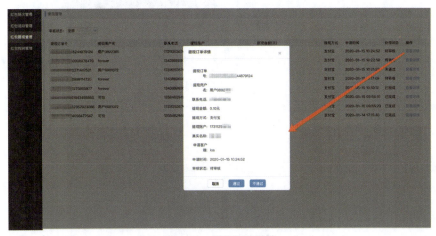

图3-19　提现订单详情

### 7. 后台红包领取记录查询

单击"互动红包"—"红包场次管理"—"红包领取记录"可查看红包领取记录，如图3-20所示。

图3-20 红包领取记录

# 3.4 用户拉新工具：融媒体内容分享导流运营

用户拉新离不开关键的一个步骤——用户分享。

有些微信公众号花费大量的时间找素材、开选题会、研究推广措辞，但最后制作出来的内容既没有吸引用户，又没有展示微信公众号内容与自身的联系。要知道，目前用户拉新的渠道大多来自社交网络，如果运营团队不能深刻洞察社交环境中人们的心理诉求，就很难在社交拉新中站稳脚跟。

## 3.4.1 内容分享核心功能介绍

内容分享是融媒体运营中一种常见的用户导流方式。其利用一些高质量的内容，在新媒体各个渠道进行传播分发，达到很好的传播效果，并在传播页面中植入App下载的引流导航，凡用户在该页面进行互动，如评论、领取红包等操作，则需要下载App，从而达到向App引流的效果。

## 3.4.2 内容分享核心业务流程

内容分享支持对文章、直播、活动、点播、音频、图集等内容类型的分享，可以针对不同的分享平台置顶对应的标题和封面，以及设置内容的可见权限和互动权限。在"分享配置"页面进行一系列的相关内容的分享设置，如分享文章的默认摘要、分享App时标题显示、分享App时摘要显示信息，以及需要分享到哪些渠道，同时支持QQ、微信、微博渠道的内容分享，如图3-21所示。

图3-21　"分享配置"页面

# 3.5 用户促活工具：融媒体新闻爆料互动运营

新闻爆料互动后台及新闻展示分别如图3-22和图3-23所示。

图3-22　新闻爆料互动后台

图3-23　新闻展示

## ↘ 3.5.1　爆料核心功能介绍

用户通过客户端的爆料模块，以图片、视频、文字、音频的方式发布爆料信息。后台管理员审核爆料的内容，审核后呈现到App端，所有的客户端用户可以对爆料进行评论、点赞、分享。

## ↘ 3.5.2　爆料核心业务流程

爆料功能模块支持在客户端的灵活启用和自由配置，通过可视化管理后台的模块添加、CMS爆料模块的栏目设置管理，实现了客户端爆料的应用的自由灵活组合。

- 用户自行创作发布图文、视频、音频等多种形式的内容。
- 可以对爆料进行分类。
- 可以对爆料进行管理、审核。
- 可针对爆料内容进行评论、点赞。

爆料核心业务流程如图3-24所示。

图3-24　爆料核心业务流程

### 1. 爆料分类

爆料的分类有助于将客户端众多用户的爆料进行有序的归类，便于用户在浏览时查找或关注自己喜欢的爆料类型。后台管理员可以对分类进行管理，如添加、修改、删除爆料分类，也可以为爆料的分类配置H5页面模板，控制爆料被分享出去的内容呈现方式，如图3-25所示。

用户在爆料时可以选择爆料分类，将爆料的内容归属到某一分类下。

图3-25　爆料分类

## 2. 爆料内容管理

终端发布的爆料内容会统一汇聚到后台的爆料管理中，管理员可以在后台对内容进行统一管理，包括审核、删除、复制、回复内容、修改内容、发布、排序、导出等一系列的操作，如图3-26所示。

图3-26　爆料内容管理

审核：查看爆料的内容并执行审核程序。

删除：可以删除不合格的内容。

复制：将有用的爆料素材和内容复制到新闻栏目，重新编辑作为新闻素材。

回复内容：管理员可以回复用户爆料的内容，与用户互动。

修改内容：针对用户爆料的内容，管理员可以修改后发布。

发布：发布爆料到终端呈现。

排序：可以针对爆料在终端的呈现进行排序。

导出：将爆料列表以Excel形式导出。

## 3. 爆料审核

终端用户发布的爆料内容会汇聚到爆料审核栏目，由管理员进行审核，管理员审核通过后会呈现在爆料栏目，如图3-27所示，然后可以发布到终端。

图3-27　爆料审核

### 4．爆料评论管理

用户可以对爆料内容进行评论，管理员可以查看爆料内容对应的评论信息。

管理员可以针对每条评论进行审核、回复等操作，如图3-28所示，审核通过的评论会在终端呈现。

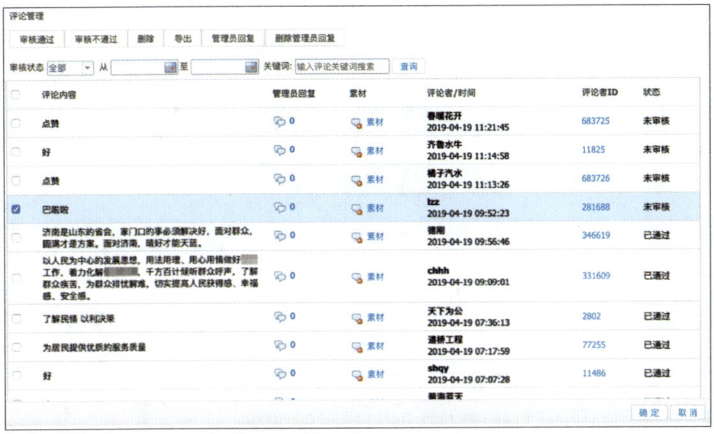

图3-28　爆料评论管理

### 5．App的爆料和呈现

用户可以在App上选择爆料栏目，以图文、视频等方式提交爆料。爆料的内容在后台进行审核，审核完成后显示在爆料列表中，用户可以单击查看爆料的内容详情。

## ↘ 3.5.3　客户端爆料模块的配置流程

爆料列表及发起爆料类型导航组成App爆料模块。爆料模块支持用户发布爆料到指定CMS爆料栏目，后台审核通过后爆料在App绑定栏目的爆料列表中显示，同时支持将爆料列表中的爆料引用为爆料新闻至其他新闻栏目等。

在App工厂菜单配置页面中可以新建"爆料列表"和"发起爆料"两种类型导航。在App工厂菜单配置功能页面上可以有针对性地设置爆料相关功能，如图3-29所示。

图3-29　"爆料列表"功能设置

**步骤 01** 设置导航，输入导航名称，不超过6个字。单击"单击选择"按钮，弹出"配置导航图标"对话框，如图3-30所示。

图3-30　配置导航图标

**步骤 02** 单击"单击上传"按钮，上传图标。

普通状态与选中状态的说明如下。

普通状态：该导航图标为非选中状态时显示的效果。

选中状态：该导航图标为选中状态时显示的效果。

图3-31所示的红框区域为二级导航，采用默认样式，蓝框区域为三级导航，采用圆角样式。

图3-31　频道组件样式

**步骤 03** 单击"确定"按钮，在弹出的"频道组件"对话框中设置是否启用开关及组件样式。"默认样式"可设置未选中/选中状态颜色、导航间距、是否变大、是否显示下画线及设置颜色，"圆角样式"可设置导航数量、未选中/选中状态颜色，如图3-32所示。

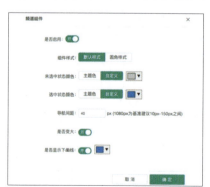

图3-32　频道组件设置

● 是否设为首页：所有的一级导航都存在的设置项，但只可设置一个导航为首页。用户打开App进入的页面即为首页。

● 是否凸显出来：设置导航是否在底栏凸出显示。

● 内容分类：可关联CMS中的爆料栏目，支持多选。爆料列表只显示关联绑定的栏目中的爆料。

● 挂件配置：在导航页面增加挂件功能，可设置为跳转其他页面，也可设置为展开更多挂件，如图3-33所示。

图3-33　挂件配置

发起爆料类型导航可创建App中用户发布爆料的页面。导航名称、导航图标、是否设为首页、频道组件样式、是否凸显出来等功能（如图3-34所示）的设置方式与爆料列表的功能设置相同。

图3-34　发起爆料功能设置

●声明设置：开启后，增加版权声明到爆料发布页面，用户须同意声明后才可发布爆料。

●爆料栏目：设置后用户在App发布爆料时需要选择爆料栏目。App工厂绑定爆料支持爆料栏目多选。

●原生爆料模块增加屏蔽和举报功能。

●用户在浏览爆料列表时可点击每条爆料右上角的 ⬚ 按钮，选择"不想看这条"，即可屏蔽该条爆料内容，如图3-35所示。用户如果选择"举报"则需要选择举报理由并提交至管理后台。

图3-35　用户选择

# 3.6 用户促活工具：融媒体内容圈子互动运营

融媒体运营者通过软件提供的用户运营功能，使用户可以根据自己的兴趣聚合在一起形成兴趣圈。用户通过客户端自行创作发布图文、视频、音频等多种形式的内容，并在圈子中产生留言、评论等行为。

## 3.6.1 圈子核心功能介绍

### 1. 圈子

圈子是一种比较独特的互联网交流概念。贴吧、社区、论坛、部落都可以叫作圈子。高黏度的圈子能够给用户提供有归属感的自由分享和表达空间，每一个用户都可以在圈子中找到自己的归属。

用户可以在圈子内发布图文、音频、视频动态，其他用户可以跟帖互动，这有助于满足用户交流需求，增强用户黏性。圈子列表与圈子详情分别如图3-36和图3-37所示。

图3-36 圈子列表

图3-37 圈子详情

圈子的功能就是让有相关兴趣的用户聚合在一起，形成兴趣圈。用户可以在兴趣圈中发帖、留言、评论，这有助于提高用户的活跃度。

## 2. 圈子的整体功能结构

圈子模块整体由后台管理和终端呈现两大部分组成。其中，圈子的后台管理包括圈子列表、帖子管理、评论管理、审核等功能模块。终端呈现以App为主，包括圈子的列表展现、圈子的详情展现、圈子的介绍、用户评论展现等。圈子、帖子、评论的关系如图3-38所示。

图3-38　圈子、帖子、评论的关系

　　圈子的后台管理提供圈子创建和管理功能，如图3-39所示。终端呈现的兴趣圈一般由后台管理员创建。

- 可以根据圈子名称和日期来检索查询圈子。
- 可以对圈子进行添加、编辑、删除等操作。
- 可以进入某个圈子查看该圈子中的帖子。

图3-39　圈子的后台管理

### 3. 圈子中帖子的管理

　　在圈子中用户可以发布帖子，后台有统一的帖子管理功能，管理员可以对每个发布的帖子进行查看、删除、置顶等操作，还可以查看帖子下的评论，如图3-40所示。

图3-40　帖子的管理

### 4. 帖子的评论管理

后台管理员在评论管理中对每个帖子的评论内容进行管理。管理员在评论管理中可以根据用户昵称、日期、评论内容等条件进行查询，也可以查看某个帖子下的评论，还可以对评论进行删除等操作，如图3-41所示。

图3-41　帖子的评论管理

### 5. 帖子的审核

后台管理员会对用户发布的帖子进行统一的管理，帖子经审核通过后呈现在终端。管理员可以对帖子执行预览，并进行审核，可批量审核，可以对帖子执行审核通过或驳回等操作，如图3-42所示。

图3-42　帖子的审核

## ↘ 3.6.2　圈子核心业务流程

管理员在管理后台需要提前设置好圈子的信息，以及评论的审核流程，如帖子评论审核采用先发后审还是先审后发的流程。

用户从App端进入某个圈子，然后发帖。后台管理员对帖子进行审核，审核通过后

57

帖子在App端呈现，其他用户可以对帖子的内容进行评论，评论由管理员在后台审核处理后在App端呈现。圈子核心业务流程如图3-43所示。

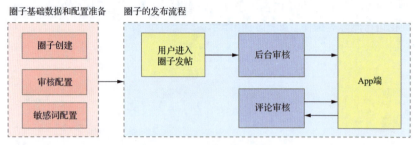

图3-43　圈子核心业务流程

### 1. 圈子创建与管理

单击"互动运营"—"圈子"—"圈子列表"，单击"创建圈子"按钮添加新的兴趣圈。在圈子列表中，可以统一管理，进行编辑、删除、查看帖子等操作，也可以根据圈子名称和日期进行查询，如图3-44所示。

图3-44　圈子创建与管理

### 2. 帖子的发布与审核

App端用户进入圈子后，输入帖子的名称、内容并上传图片后，即可发帖。发布的帖子会提交到后台。

管理员单击"审核"—"圈子帖子审核"，对帖子进行审核查看，并给予审核通过或驳回的处理，如图3-45所示。审核通过的帖子即可呈现到App端，供所有客户端用户查看。

### 3. 帖子的评论审核

审核通过的帖子在终端呈现后，用户可以对其进行评论。评论的内容会汇集到后台的"圈子"—"评论管理"中由管理员统一管理。管理员可以对其进行审核通过和驳回操作，审核通过后的评论即可呈现到App端。同时，管理员也可以根据用户昵称、评论内容、日期等条件进行查询检索，以快速找到评论内容，如图3-46所示。

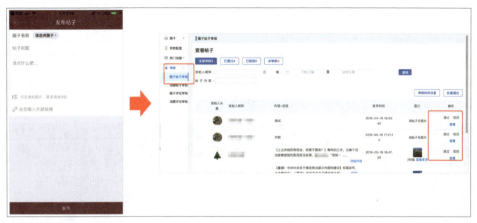

图3-45　帖子的发布与审核

图3-46　帖子的评论审核

## 4. 圈子的终端呈现

全部圈子：展现所有的圈子信息。

朋友圈：展现我关注的圈子动态，最新发布的帖子内容会在此呈现。

圈子详情：进入圈子后显示该圈子下所有的帖子内容。

帖子详情：显示帖子的内容详情。

个人主页：显示用户的个人信息。

圈子的终端呈现如图3-47所示。

图3-47　圈子的终端呈现

### ↘ 3.6.3 圈子模块的配置流程

#### 1. 创建圈子

管理员在后台进入"圈子"模块后，单击"圈子列表"，单击"创建圈子"按钮，即可打开"创建圈子"对话框。管理员在对话框中完成圈子的名称、头像、简介及公告的相关设置后，即可创建圈子，如图3-48所示。

图3-48　创建圈子

#### 2. 圈子列表

平台内创建的所有圈子都将出现在圈子列表内，此列表支持通过圈子名称、日期进行筛选。管理员可以在每一个圈子右侧的操作栏中，对圈子进行编辑、删除、查看帖子及置顶/取消置顶操作，如图3-49所示。

图3-49　圈子列表

① 编辑。单击"编辑"按钮后弹出"修改圈子"对话框,如图3-50所示,可以对该圈子的名称、头像、简介及公告进行修改。

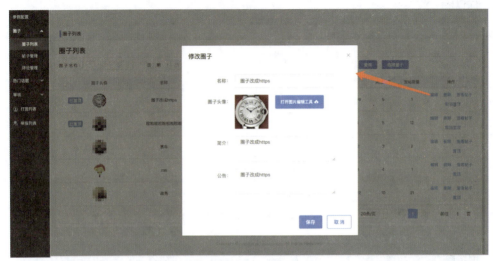

图3-50 修改圈子

② 删除。单击"删除"按钮后弹出"警告"对话框,如图3-51所示,单击"确定"按钮后,该圈子即从列表及App端删除。

③ 查看帖子。单击"查看帖子"按钮后进入该圈子的帖子列表,列表内将展示用户在该圈子发布的所有帖子,如图3-52所示。

④ 置顶/取消置顶。单击"置顶"按钮则将该圈子的位置调整至最上方,单击"取消置顶"按钮则将该圈子恢复至原位置。单击"置顶"按钮后,弹开"圈子置顶"对话框,如图3-53所示。

图3-51 删除圈子

图3-52　查看帖子

图3-53　圈子置顶

### 3.　帖子管理

平台内所有圈子中的帖子都将出现在帖子列表内，此列表支持通过发帖人昵称、帖子内容及日期进行筛选。管理员可以在每一个帖子右侧的操作栏中，对帖子进行查看、删除、置顶/取消置顶及评论管理操作，如图3-54所示。

① 查看。单击"查看"按钮可查看该帖子的详情，包括发帖人、圈子名称、帖子内容、帖子图片以及点赞数、评论数等信息，如图3-55所示。

② 删除。单击"删除"按钮后出现"警告"对话框，如图3-56所示，在对话框内单击"确定"按钮，可将该帖子从该圈子中删除，该帖子不会再出现在App端、后台等相关的帖子列表内。

图3-54 帖子管理

图3-55 查看帖子

图3-56 删除帖子

③ 置顶/取消置顶。单击"置顶"按钮则将该帖子的位置调整至最上方,单击"取消置顶"按钮则将该帖子恢复至原位置。单击"置顶"按钮后,弹出"帖子置顶"对话框,如图3-57所示。

图3-57　置顶帖子

④ 评论管理。单击"评论管理"按钮后进入该帖子的评论管理列表，列表内将展示用户在该帖子内发布的所有评论，如图3-58所示。

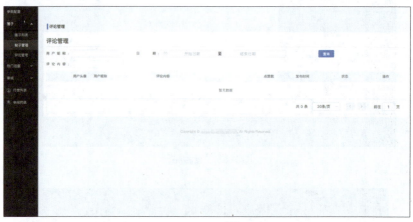

图3-58　评论管理

## 4. 评论管理

平台内所有帖子收到的评论都将出现在评论管理列表内，此列表支持通过用户昵称、评论内容及日期进行筛选。管理员可以在每一条评论右侧的操作栏中，对评论进行查看、删除及置顶/取消置顶操作，如图3-59所示。

① 查看。单击"查看"按钮后可查看评论详情，包括评论人、圈子名称、评论内容及评论点赞数，如图3-60所示。

② 删除。单击"删除"按钮后，弹出"警告"对话框，如图3-61所示，单击"确定"按钮后，该评论被删除，不再出现在App端、后台等相关的评论列表内。

③ 置顶/取消置顶。单击"置顶"按钮则将该评论的位置调整至最上方，单击"取消置顶"按钮则将该评论恢复至原位置。单击"置顶"按钮后出现"评论置顶"对话框，如图3-62所示。

图3-59　评论管理

图3-60　查看评论

图3-61　删除评论

图3-62　置顶评论

## ↘ 3.6.4　圈子功能在App上的呈现

运营者可以在圈子功能中设置圈子列表、圈子详情、发布帖子、帖子详情等操作。

### 1. 圈子列表

在后台创建的圈子将展示在App端的圈子列表内。用户点击对应圈子右侧"+加入"/"已加入"按钮，即可加入圈子或退出圈子，如图3-63所示。点击圈子即进入对应的圈子详情页面。

### 2. 圈子详情

圈子详情中展示所有用户在该圈子内发布的帖子。用户在此页面可以对该圈子进行加入/退出操作，也可以对圈子下的某一帖子进行关注/取消关注操作，如图3-64所示，点击帖子即进入帖子详情。

图3-63　圈子列表

图3-64　圈子详情

### 3. 发布帖子

点击页面右上角 [📷] 按钮，即可进入发布帖子页面，填写相关内容后，即可在该圈子发布帖子，如图3-65所示。

图3-65　发布帖子

#### 4. 帖子详情

帖子详情中展示该帖子的详细内容及用户在该帖子下发布的评论。用户在此页面可以直接对该帖子、圈子进行关注，也可以点赞、评论及分享该帖子，如图3-66所示。

图3-66　帖子详情

# 3.7 用户促活工具：融媒体热门话题互动运营

运营者可以设置热门话题，并对话题发布、话题管理、话题评论管理等功能进行操作。

## ↘ 3.7.1 话题核心功能介绍

话题是建立用户连接、提高用户活跃度的一种场景的功能形态。管理端可以结合场景、热门事件等发布一些高质量的用户感兴趣的话题，让用户基于这个话题以文字、图片、视频等方式进行讨论互动；同时可以结合一些红包场景，让用户积极地参与话题的讨论。

### 1. 话题的整体功能结构

话题模块整体包括后台管理和终端呈现两大部分。后台管理包括话题发布、话题管理、评论管理及评论审核；终端呈现主要包括发起评论、话题列表以及话题详情，如图3-67所示。

图3-67 话题模块的两大部分

## 2. 话题的发布和管理

管理员在后台可以创建话题，利用后台提供的图文编辑模式，发布文字、图片、视频混排的图文模式的话题。

话题管理提供统一的话题管理功能，所有发布的话题可以统一管理，并进行条件筛选，可以进行置顶、排序、下线等一系列的操作，如图3-68所示。

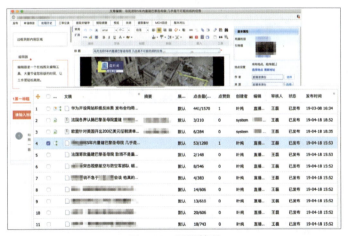

图3-68 话题管理

## 3. 话题评论

管理员可以在评论管理中统一查看每个话题的用户评论或讨论，也可以针对某个话题进行查看。

管理员可以根据关键词、时间等条件筛选查询评论，同样也可以对评论进行审核、驳回、删除等操作。

## 4. 话题终端呈现

发布的话题会呈现在终端的话题模块中，用户点击进入可以看到话题详情。话题详情内容下是用户的讨论。用户可以自行发起评论内容，可以发布文字、图片、表情等内容。

话题终端呈现如图3-69所示。

图3-69　话题终端呈现

## ↘ 3.7.2　话题核心业务流程

管理员可以在管理后台设置评论的审核配置和敏感词的相关信息配置。

话题不同于圈子和爆料，话题内容由后台管理员发起，发布后呈现到终端。用户在App端进行有关该话题的讨论、留言，可以使用文字、图片、视频的方式。话题核心业务流程如图3-70所示。

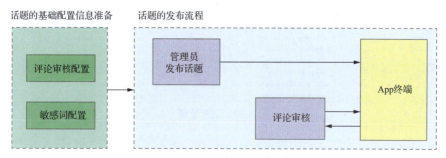

图3-70　话题核心业务流程

### 1. 话题的评论审核配置和敏感词配置

进入"站点管理"，选中其中一个站点，进入站点基本属性的设置页面，找到"评论是否需审核"项，设置评论是否需要审核。设置"是"，则该站点下所有的爆料评论都需要管理员审核通过才能显示，设置"否"，则所有的评论不需要经过审核，只需要经过系统的敏感词过滤就可以显示到终端。

配置敏感词库，可以过滤话题的内容以及话题的评论。

话题的评论审核配置和敏感词配置如图3-71所示。

图3-71 话题的评论审核配置和敏感词配置

### 2. 话题的创建与发布

单击"文档编辑"，选中一个栏目节点，单击"新建"按钮，在打开页面右侧的"类型"中选择"话题新闻"，然后在文稿编辑器中编辑话题的标题、内容、简介等信息，如图3-72所示，编辑完成后单击"发布按钮"即可发布到终端。

图3-72 创建发布话题

### 3. 话题的管理

单击"文档编辑"，选中某个栏目即可对该栏目下的内容进行管理，在固定的栏目下的所有类型的新闻都可以设置为"话题新闻"，可以基于关键词、作者、供稿记者等条件进行话题检索，也可以对话题进行新建、下线、复制、转移、置顶、预览等一系列的操作，如图3-73所示。

### 4. 话题的评论审核处理

在后台管理页面中选中某个话题，单击"查看评论"按钮，可以看到该话题下的所有评论内容。如果设置为先发后审流程，则状态默认都是"已审核"，发现有违规的评论，可以手动删除。

图3-73　话题的管理

如果设置先审后发流程，则显示"未审核"状态，如图3-74所示，不会直接显示到终端，需要管理员审核通过后才能呈现。

图3-74　评论审核

## 5. 话题的终端呈现

发布的话题以及审核通过的评论内容都会在终端呈现。

# 3.8　用户促活工具：融媒体内容评论、点赞、打赏运营

## ↘ 3.8.1　评论、点赞、打赏核心功能介绍

运营者可以针对文章评论、文章点赞、文章打赏等功能进行管理。

### 1. 文章评论

用户可以针对内容进行评论互动，也可以针对评论进行点赞、回复、分享。评论管理模块分为后台管理和终端呈现两部分。后台管理提供了对文章评论的统一管理，可对评论进行自动审核、人工审核的流程配置。后台管理还可以对评论进行筛选过滤、审核、删除等操作。

终端用户可以基于文章内容来查看评论，可以对评论进行点赞、回复，达到互动效果。

评论功能如图3-75所示。

图3-75　文章评论功能

## 2.　文章点赞

用户可以在终端对文章进行点赞、取消点赞的操作，以表达对创作内容的看法。后台管理端可以设置该文章是否允许点赞。文章点赞如图3-76所示。

图3-76　文章点赞功能

## 3.　文章打赏

用户可以在终端使用虚拟币、积分、现金等对创作的内容进行打赏支持。这有助于增强作者与用户的互动，加强自媒体作者对内容创作的积极性。

后台管理端可以设置该文章内容是否支持打赏。文章打赏功能如图3-77所示。

图3-77　文章打赏功能

## ↘ 3.8.2　评论、点赞、打赏核心业务流程

### 1. 评论的业务流程

评论的业务流程可以分为3层，依次是全站评论审核规则设置、栏目评论审核规则设置、文章评论审核规则设置，在后台设置好了3层评论审核规则后，在终端呈现的依次是文章、栏目和站点的评论，如图3-78所示。

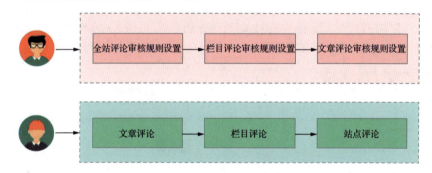

图3-78　评论的业务流程

如果文章设置了评论是否需审核，则遵循该篇文章的评论审核规则设置（如是先发后审或先审后发）；如果文章没有设置，则采用该文章所属栏目的评论审核规则；如果栏目没有设置，则采用全站的评论审核规则，全站的默认评论审核规则是先审后发。

### 2. 评论的审核规则设置

全站评论审核规则设置如下。

单击"站点管理"—某个站点—"基本属性"—"评论是否需审核"，设置全站的评论审核规则，如图3-79所示。

栏目评论审核规则设置如下。

单击"栏目管理"—某个栏目—"基本属性"—"评论是否审核"，设置该栏目下的文章评论审核规则，如图3-80所示。

图3-79 全站评论审核规则设置

图3-80 栏目评论审核规则设置

文章评论审核规则设置如下。

进入"文章管理"页面双击需要修改的文章，在页面右侧基本属性中设置"文章选项"—"评论审核"，设置该篇文章是否开启评论审核。

### 3. 评论的管理与审核

进入"评论管理"页面，管理员可以查看所有的评论信息，并可以根据状态、栏目、类型、时间、关键词等条件进行检索，还可以查看评论，对不合规的评论进行处理、驳回等操作，同时也可以对评论做出回复。审核通过的评论会呈现到终端，用户可以对其进行回复、点赞等操作。

### 4. 评论的终端呈现与评论的点赞、回复、分享

审核通过的评论会在终端呈现。用户选中一篇文章，滑动至有评论的位置，点击

"评论"，可以查看所有的评论。

用户选中某条评论可以对其进行点赞、回复，还可以将评论内容分享到微信、QQ等平台，如图3-81所示。

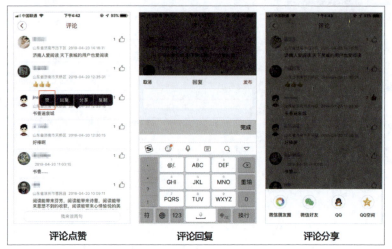

| 评论点赞 | 评论回复 | 评论分享 |

图3-81　点赞、回复与分享评论

### 5. 如何设置文章是否支持点赞

单击"创作分发"—"App工厂"—"设置"—"封包设置"—"基础设置"，设置"是否需要点赞"。

设置完成后，App中所有的文章下都会出现点赞按钮。文章点赞功能可以帮助用户表达对内容的肯定，促进新媒体运营者创作出更好的作品，同时也有助于对新媒体运营者进行绩效评估。

### 6. 如何设置文章评论是否支持点赞

单击"创作分发"—"App工厂"—"设置"—"其他设置"—"文章评论点赞"，开启文章评论点赞，则文章的评论也支持点赞，如图3-82所示，如果关闭，则文章的评论不允许点赞。

图3-82　设置文章评论是否支持点赞

### 7. 如何设置文章是否支持打赏

选中某篇文章，进入文章详情的编辑界面，单击"基础属性"—"文章打赏"，选择"是否开启文章打赏"。

当开启了文章打赏后，终端即可呈现出打赏标识。

用户点击"打赏"按钮后，选择适合的金额，以此鼓励内容创作者，如图3-83所示。

图3-83　文章打赏

# 3.9　用户留存工具：融媒体会员成长体系运营

在互联网行业中，在某段时间内开始使用应用，经过一段时间后，仍然使用该应用的用户，被认作该应用的留存用户。这部分留存用户占当时新增用户的比例即留存率。

例如，7月某资讯类App新增用户5 000人，这5 000人在8月启动过应用的有2 500人，9月启动过应用的有2 000人，10月启动过应用的有1 500人，则说明一个月后的留存率是50%、两个月后的留存率40%、3个月后的留存率是30%。

留存用户和留存率体现了应用的质量和保存用户的能力。如果一款产品不仅能够满足用户的核心需求，而且可以比较方便地满足用户的核心需求，那么这款产品的用户留存率基本不会太低。用户留存方式如图3-84所示。

| 会员管理 | 积分管理 | 积分商城 | |
| --- | --- | --- | --- |
| ·提供用户会员相关的功能服务，包括注册、登录、密码找回、黑名单等 | ·提供积分的记录和管理功能，可以设置积分的埋点和积分规则，并与会员建立联系，形成统一的积分体系 | ·提供商品上架、发布等功能，以及一系列的商品管理功能。在终端呈现，同时支持使用积分进行兑换 | 提供各个场景下的会员积分规则。给予不同级别的会员不同级别的功能服务。让用户获取到的积分来兑换积分商城中的商品，让活跃度高的用户消费积分，实现用户运营体系中的闭环，提高活跃用户的留存率 |

图3-84　用户留存方式

## ↘ 3.9.1  会员成长体系核心功能介绍

会员成长体系是指以留存旧用户和拉取新用户为目的，围绕产品本身制定的一系列激励措施。会员成长体系一般依据用户达成的成长值来确定不同的会员等级，进一步给不同的等级赋予不同的特权。

### 1. 会员成长体系核心功能

运营部门对终端会员用户进行统一管理，可以根据昵称、手机号码等条件进行筛选，可以查看会员总数。会员列表页面如图3-85所示。

图3-85  会员列表页面

后台可以管理黑名单用户，黑名单用户不能登录终端进行一系列的互动操作。

完善的会员成长体系和等级设置如图3-86所示。

运营者可参考RFM模型，设计对应的用户层级并设置相应的积分体系，规定不同用户层级享受不同的待遇，通过各种形式的奖励和激励措施，提高用户的留存率。

运营者可以设置多个会员等级和会员分组，针对不同等级的会员设置积分规则。

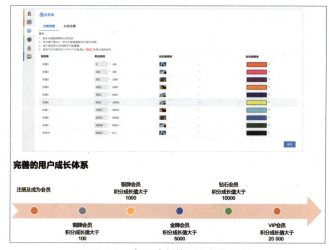

图3-86  会员成长体系和等级设置

## 2. 会员积分管理

运营者可根据业务场景，对积分进行位置埋点，如每日签到、阅读新闻、评论新闻、社交分享、注册、邀请注册等，在设置的场景下用户可获取相应的积分。同时可以针对在每个场景获取积分的规则进行设置。

完善的会员积分管理如图3-87所示。

图3-87　会员积分管理

### 3. 会员成长体系运营的业务场景

会员积分管理可广泛应用于融媒体运营业务的各种业务场景中，如内容浏览、互动分享、内容创作、互动活动、直播等。

## ↘ 3.9.2　会员成长体系核心业务流程

会员成长体系核心业务流程包括会员等级设置、黑名单管理、会员积分的规则配置及会员积分获取。

### 1. 会员等级设置

单击"互动运营"—"会员"—"会员等级"，可以根据会员的积分，将会员分组，形成不同级别的会员；根据不同的级别，在对应的业务中设置不同程度的奖励，如级别达到多少可以赠送积分，不同级别在兑换积分时享受不同级别的折扣等。会员等级设置如图3-88所示。

图3-88　会员等级设置

### 2. 黑名单管理

在"会员列表"中可以管理所有的注册会员，可以根据昵称、手机号码等条件进行检索。针对违规的用户，可以将其加入黑名单中。

在"黑名单"菜单下可以看到所有的黑名单用户。如将用户添加到黑名单，则该用户不能登录App进行评论、互动、获取积分等。黑名单管理如图3-89所示。

图3-89　黑名单管理

### 3. 会员积分的规则设置

单击"创作分发"—"App工厂"—"应用"—"积分策略"，即可设置用户获取积分的策略，通过预置，使用户可以在每日签到、阅读新闻、评论新闻、社交分享、注册、邀请注册等场景获取积分。

每个场景都可以设置一定的规则，如每次评论增加多少积分、多次评论是否增加积分、评论达到多少条再次增加积分等。会员积分的规则设置如图3-90所示。

图3-90　会员积分的规则设置

#### 4．会员积分获取

后台设置积分策略后，用户在终端做出相应行为即可获取相应的积分。

### 3.9.3　会员模块的配置流程

会员管理系统支持管理和查看系统中的各个渠道的会员，可以将微信公众号的所有会员都以粉丝的形式保存，以便于管理，并且支持管理和查看会员所有的积分订单，跟踪订单的相关状态和信息。

会员管理系统可管理面向客户端应用的所有公众渠道的会员，不仅可管理和查看会员的基本信息，还可以对会员的积分订单进行完整的流程关注和控制。

会员管理后台包括会员、三方会员和积分订单3个部分，可对3个部分进行统一管理。

会员管理系统包含来自微信矩阵、App工厂、融媒体、直播和互动等所有渠道的会员，实现所有会员统一管理，并且与积分商城对接，记录和管理会员消费积分产生的所有积分订单。

会员管理系统作为整个融媒体运营系统中的一个模块，由其他模块对其具体的内容进行支撑，如App工厂、微信矩阵、PGC直播、互动对会员信息进行支撑，积分商场模块对积分订单进行支撑等。

#### 1．会员管理

单击"会员中心"—"会员"，可以统一管理所有注册会员，以及使用查看会员列表、过滤筛选会员（通过昵称、手机号码、用户ID、会员来源过滤）、显示结果总数、添加会员、导出Excel表格、积分（奖励、扣除、清零）、查看会员详情、查看会员收货地址等功能。

（1）查看会员列表

当后台管理员进入"会员"模块时，如果没有会员信息，则显示"暂无记录"；如果存在会员信息，则显示当前系统中所有会员的信息，包括用户ID、头像、昵称、手机号码、注册时间、最近登录时间、来源、积分、操作等，如图3-91所示。

图3-91　会员列表

（2）过滤筛选会员

"会员"模块中支持按照多种维度对会员进行过滤筛选（见图3-92），具体如下。

● 支持输入昵称搜索会员。

● 支持输入手机号码进行筛选。

● 支持输入用户ID进行筛选。

● 支持输入会员来源进行筛选。

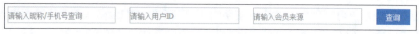

图3-92　过滤筛选会员

（3）显示结果总数

"会员"模块中支持展示当前筛选条件下会员的总数，方便后台管理员清楚了解当前条件下的会员总体情况，如图3-93所示。

(共34个结果)

图3-93　会员总数

（4）添加会员

在"会员"模块中，添加新的会员时，需要输入的信息如下。

● 手机号码（必填）。

● 密码（必填）。

● 昵称（非必填）。

● 会员头像（非必填）。

● 性别（非必填）。

● 邮箱（非必填）。

图3-94所示为添加会员页面。

图3-94　添加会员页面

（5）导出Excel表格

在"会员"模块中，可以将会员信息导成Excel表格。Excel表格中包含以下信息。

- 昵称。
- 账户状态。
- 真实姓名。
- 性别。
- 出生日期。
- 头像地址。
- 手机号码。
- 电子邮箱。
- 注册IP。
- 注册时间。
- 登录次数。
- 积分。
- 平台信息。

图3-95所示为导出的会员信息Excel表格。

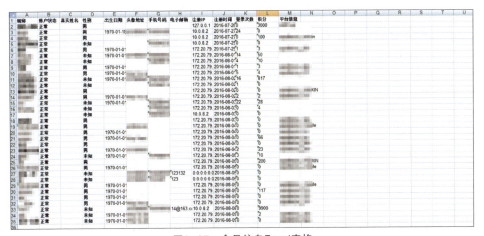

图3-95 会员信息Excel表格

（6）积分

在"会员"模块中，可以对会员积分进行管理，以实现对会员积分的控制。对积分的操作分为3种类型——奖励、扣除、清零，清零其实相当于扣除，只是这个操作会将所有积分清零。会员积分管理页面展示的信息如下。

- 用户ID。
- 总积分。
- 积分调整。
- 积分输入框（输入正整数表示奖励，输入负整数表示扣除）。
- "清零"按钮。

● "提交"和"取消"按钮。

图3-96所示为会员积分管理页面。

图3-96　会员积分管理页面

（7）查看会员详情

在"会员"模块，可以查看会员的信息。会员详情页面显示信息如下。

● 用户ID。

● 昵称。

● 会员头像。

● 性别。

● 手机号码。

● 会员邮箱。

● 来源。

● 最近登录时间。

● 总积分。

● 注册时间。

● "积分"按钮（可以直接操作会员积分，对会员积分进行奖励、扣除、清零操作）。

● "返回"按钮。

图3-97所示为会员详情页面。

（8）查看会员收货地址

在"会员"模块中，单击收货地址时，显示该会员的收货地址信息，主要包含以下信息。

● 用户ID。

● 用户总地址数。

● 地址列表（收货人姓名、电话号码、收货地址、邮编、是否默认）。

图3-97　会员详情页面

图3-98所示为会员的收货地址信息。

图3-98　会员的收货地址信息

## 2. 三方会员管理

在"三方会员"模块中，后台管理员统一管理所有三方会员，以及使用查看三方会员列表、过滤筛选三方会员（通过会员昵称、用户ID、会员来源过滤）、积分（奖励、扣除、清零）、显示结果总数、导出Excel表格、查看三方会员详情等功能。

（1）查看三方会员列表

"三方会员"模块中统一展示所有终端注册的三方会员信息，并且会明确标识出哪些三方会员已经成功注册会员。三方会员列表中主要包括以下信息。

- 用户ID。
- 头像。
- 昵称。
- 三方OpenID。
- 最近登录时间。
- 来源。
- 是否注册会员。
- 操作。

图3-99所示为三方会员管理页面。

图3-99　三方会员管理页面

（2）过滤筛选三方会员

"三方会员"模块中支持按照多种维度对三方会员进行过滤筛选（见图3-100），具体如下。

- 支持输入昵称搜索会员。
- 支持输入用户ID进行筛选。
- 支持输入会员来源进行筛选。

图3-100　过滤筛选三方会员

（3）积分

后台管理员在"三方会员"模块中，可以操作三方会员积分，以实现对三方会员（还未注册的会员）积分的控制。对积分的操作分为3种类型——奖励、扣除、清零，清零其实相当于扣除，只是这个操作将所有积分清零。三方会员积分管理页面展示的信息如下。

- 用户ID。
- 总积分。
- 积分调整。
- 积分输入框（输入正整数表示奖励，输入负整数表示扣除）。
- "清零"按钮。
- "确定"和"取消"按钮。

（4）显示结果总数

"三方会员"模块中支持展示当前筛选条件下三方会员的总数，方便后台管理员了解当前条件下的三方会员总体情况，如图3-101所示。

图3-101　三方会员总数

（5）导出Excel表格

在"三方会员"模块，可以将所有的三方会员信息导成Excel表格，以便于线下数据查看或者备份。Excel表格中包含的信息如下。

- 用户ID。
- 三方会员OpenID。
- 昵称。
- 会员头像路径。
- 性别。
- 手机号码。
- 会员邮箱。
- 来源。
- 最近登录时间。
- 注册时间。

图3-102所示为导出的三方会员信息Excel表格。

| | A | B | C | D | E | F | G | H | I | J | K | L |
|---|---|---|---|---|---|---|---|---|---|---|---|---|
| 1 | 用户ID | 三方会员O | 昵称 | 会员头像路 | 性别 | 手机号码 | 会员邮箱 | 来源 | 最近登录时 | 注册时间 | | |
| 2 | 7 | 1 | | http:// | 男 | | | ctory | | | | |
| 3 | 25 | 12345678 | | http:// | 男 | | | ctory | | | | |
| 4 | 23 | 2366E3D8 | | http:// | 男 | | | ctory | | | | |
| 5 | 28 | 3987262D7 | | http:// | 男 | | | ctory | | | | |
| 6 | 33 | 4555 | | http:// | 男 | | | ctory | | | | |
| 7 | 36 | 455564646 | | http:// | 男 | | | ctory | | | | |
| 8 | 41 | 48B55D99 | | http:// | 男 | | | ctory | | | | |
| 9 | 9 | 5943A46D | | http:// | 男 | | | ctory | | | | |
| 10 | 29 | 7005BF82 | | http:// | 男 | | | ctory | | | | |
| 11 | 13 | B3F5DD11 | | http:// | 男 | | | ctory | | | | |
| 12 | 42 | C2B8038F | | http:// | 男 | | | ctory | | | | |
| 13 | 38 | obbbbdftrtr | | http:// | 男 | | | ctory | | | | |
| 14 | 37 | obDFsfsds | | http:// | 男 | | | ctory | | | | |
| 15 | 26 | obkNVs7C | | http:// | 男 | | | ctory | | | | |
| 16 | 27 | obkNVs7C | | http:// | 男 | | | ctory | 2016-08-04 | | | |
| 17 | 16 | oLjaswCOi | | http:// | 男 | | | ctory | | | | |
| 18 | 18 | oLjaswFAl | | http:// | 男 | | | ctory | | | | |
| 19 | 19 | oLjaswG-7 | | http:// | 男 | | | ctory | | | | |
| 20 | 15 | oLjaswG6c | | http:// | 男 | | | ctory | | | | |
| 21 | 39 | oLjaswPnr | | http:// | 男 | | | ctory | | | | |
| 22 | | zc123123 | | andro | 男 | | | qq | 1970-01-15 | | | |
| 23 | | | | | | | | | | | | |

图3-102　导出的三方会员信息Excel表格

（6）查看三方会员详情

在"三方会员"模块，可以查看已经注册的三方会员相对应的会员信息，并且可以操作该三方会员的积分。三方会员详情页面显示信息如下。

- 用户ID。
- 昵称。

- 会员头像。
- 性别。
- 手机号码。
- 会员邮箱。
- 来源。
- 三方OpenID。
- 最近登录时间。
- 总积分。
- 注册时间。
- "积分"按钮。
- "返回"按钮。

图3-103所示为三方会员详情页面。

图3-103　三方会员详情页面

# 3.10　用户留存工具：融媒体积分商城运营

融媒体运营者可通过积分商城功能对用户进行激励。通过设置积分策略，使用户在使用App的过程中通过参与互动获取积分、兑换实体或虚拟的商品，获得激励。

## 3.10.1　积分商城核心功能介绍

积分商城的设置有助于实现融媒体运营闭环。

### 1. 功能概述

融媒体运营者通过积分商城打造积分闭环，使用户保持活跃。在积分商城添加参与积分兑换的商品时，可设置商品信息、所需积分以及兑换方式。

（1）业务场景

用户使用App获得积分，通过积分商城兑换商城中的商品。管理员在App后台设置积分获取规则，在积分商城后台添加/上架商品。

（2）业务流程

管理员设置App积分获取规则→用户使用App获取积分→抵用积分→兑换商品。

## 2.  积分商城核心功能

积分获取规则设置（支持设置6种获取积分策略）、积分商城添加/上架商品（可设置商品名称、商品类型、商品分类、商品简介、商品相关说明图片、商品数量、市场价、推荐排序、兑换所需积分、用户兑换次数、上架时间、领取方式、领取地址、领取时间、联系人及电话）。

## 3.  商品的分类

图3-104所示为商品的分类。

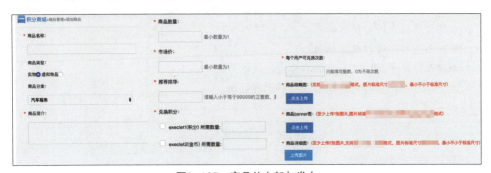

图3-104  商品的分类

管理员可对商品进行分类管理，根据场景需求，自定义添加商品的分类，可以对商品的分类进行添加、编辑、删除等操作，同时可以根据商品名称来检索。

## 4.  商品的添加与发布

积分商城提供商品的添加与发布等功能。添加商品时，需要填入商品的基本信息，如商品名称、商品类型、商品简介、商品数量、兑换积分以及商品缩略图、商品详细图等信息，如图3-105所示。添加完成确认无误后保存、发布。

图3-105  商品的上架与发布

### 5. 商品的管理

管理员在商品管理页面中统一管理添加好的商品，对商品进行上架、下架、删除、编辑等操作，也可将选中的商品导成Excel表。

### 6. 订单管理

用户在积分商城中兑换的所有商品都会形成订单，统一在订单管理中呈现。在订单管理中可以查到所有的订单记录，可输入配送方式、状态、时间、订单号等信息进行搜索查询，也可以将订单信息导成Excel表。

## ↘ 3.10.2 积分商城核心业务流程

积分订单模块主要用于统一管理所有积分订单，为后台管理员提供统一管理所有积分兑换订单的入口，以便于其查看不同状态的订单，并对特定状态的订单进行相应的操作。该模块主要具有查看积分订单列表、过滤筛选积分订单（通过配送方式、订单状态、创建时间）、导出Excel表格、查看详情、发货、查看物流、领取、订单完成等功能。

（1）查看积分订单列表

"积分订单"模块中可以显示当前系统中所有积分订单的信息及相应的操作，具体信息如下所示。

- 订单号。
- 订单创建时间。
- 订单状态。
- 商品信息（商品图片、商品名称、商品单价）。
- 数量。
- 总额。
- 用户ID。
- 订单来源。
- 配送方式。
- 操作（详情、发货、查看物流、订单完成、领取）。

（2）过滤筛选积分订单

"积分订单"模块中支持按多种条件过滤筛选积分订单。积分订单列表过滤筛选主要包括以下内容。

- 按配送方式进行过滤筛选。
- 按订单状态进行过滤筛选。
- 按创建时间进行过滤筛选。
- 输入订单号/用户ID/商品名称进行过滤筛选。

图3-106所示为积分订单模块中的过滤筛选。

图3-106　过滤筛选积分订单

（3）导出Excel表格

在"积分订单"模块，可以将相应的积分订单信息导出成Excel表格，以方便查询或者备份。Excel表格应包含以下信息（部分）。

- 订单来源。
- 订单号。
- 订单状态。
- 商品ID。
- 商品名称。
- 图片地址。
- 商品类型。
- 商品单价。
- 商品数量。
- 商品总价。
- 虚拟商品兑换。
- 收货人姓名。
- 收货人联系方式。
- 收货地址。
- 快递单号。
- 快递公司。
- 创建时间。
- 修改时间。

图3-107所示为导出的积分订单信息Excel表格。

图3-107　积分订单信息Excel表格

（4）查看详情

在"积分订单"模块，详情页面中可以展示积分订单的详细信息，包括以下内容。

- 订单进度条。
- 订单号。
- 修改时间。
- 订单状态。
- 快递信息（快递公司、快递单号、快递时间轴）。
- 配送方式。
- 收货信息（地址、姓名、联系电话）。
- 用户ID。

●商品信息（商品图片、商品名称、单价、数量、小计）。

●操作（返回、领取、发货、订单完成）。

当订单为已领取状态时，其页面显示效果如图3-108所示。

图3-108　订单信息

（5）发货

在"积分订单"模块，单击积分订单列表中的"发货"按钮，可以查看积分订单的发货信息，并且记录订单相对应的物流信息。"订单详情"页面显示以下信息。

●订单号。

●物流单号文本框。

●物流公司文本框。

●"取消"按钮。

●"确定"按钮。

根据输入的物流单号，后台可以自动匹配物流公司。当匹配数据有误时，操作人员可以进行手动修改，以保证物流信息的准确性。

（6）查看物流

在"积分订单"模块，单击积分订单列表中的"查看物流"按钮，可以查看物流的相关信息，对每个订单物流状态进行实时跟踪。物流信息页面显示信息如下。

●物流公司。

●运单号。

●物流时间轴。

图3-109所示为物流信息页面。

图3-109　物流信息页面

（7）领取

在"积分订单"模块，单击积分订单列表中的"领取"按钮，可以验证订单的兑换码，并将订单设置为"已领取"状态。"订单详情"页面显示以下信息。

● 订单号。

● 兑换码文本框。

输入兑换码后，后台会自动验证兑换码，并给出"匹配成功""兑换码无效，请重新输入"等提示信息，帮助后台管理员完成相应的操作。

（8）订单完成

在"积分订单"模块，后台管理员单击积分订单列表中的"订单完成"按钮，可以将订单标记为已收货状态，表示整个订单已经完成。"订单详情"页面显示信息提示和订单号信息。

# 3.11　用户转化工具：融媒体广告变现运营

融媒体运营者可通过广告工具获得收益，以解决融媒体自身造血功能不足的问题。目前主流的广告形式包括开屏图、信息流、插屏、横幅、贴片等。

## 3.11.1　广告系统核心功能介绍

（1）广告系统功能概述

在互联网和新媒体高速发展的多屏时代，广告的应用可作为流量变现的盈利模式。广告系统支持在新媒体场景下的各种终端、各种形态的广告投放。

（2）应用场景

广告可广泛应用在新媒体的各种传播渠道，如网站、App、H5页面、Pad端、OTT、视频播放器等。广告应用场景如图3-110所示。

图3-110　广告应用场景

（3）广告系统核心功能

广告系统基于热点内容、活动投放广告，以此获取收益。广告主可以通过手机、PC、OTT等进行同步投放。广告系统也可以对广告位和广告物料进行管理。

## ↘ 3.11.2　多终端广告投放的核心业务流程

### 1. 广告管理系统的认知

广告管理系统包含了面向互联网的投放和管理功能。其主要有流量管理、推广管理、客户管理、数据报告、账户中心、系统管理等功能模块，如图3-111所示。

图3-111　广告管理系统

## 2. PC广告管理

广告系统可设置PC端的网页广告，支持广告位的添加、删除等操作，可向每个广告位投放广告，支持使用图片、视频等广告素材。PC广告管理如图3-112所示。

图3-112 PC广告管理

## 3. App广告管理

广告系统可支持App内各种广告位的设置，包括信息流广告、详情页广告、弹窗广告等，可以基于这些广告位投放广告，支持使用视频、图片等广告素材。App广告管理如图3-113所示。

图3-113 App广告管理

### 4．播放器广告管理

"播放器广告"模块可支持网页播放器以及App端播放器的广告投放。管理员可以通过SSP系统设置每个栏目采用哪个播放器广告，在App工厂中将播放器和广告位ID进行绑定关联。播放器广告管理如图3-114所示。

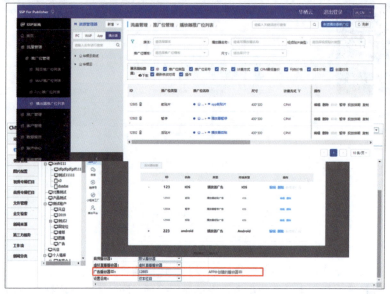

图3-114　播放器广告管理

## ↘ 3.11.3　广告系统使用方法

### 1．自定义尺寸

① 使用账号登录管理控制台后，在左边导航栏单击"系统管理"—"尺寸列表"。

② 单击右边窗口的"新增尺寸"按钮，如图3-115所示，输入需要添加的尺寸（尺寸输入规则为"宽×高"，如宽为200像素、高为300像素，则输入200×300），按<Enter>键结束。需要增加的尺寸为400×200、200×225、560×100、400×300、1 080×1 920。

图3-115　自定义尺寸

图3-118 开屏图

② 信息流大图。

注意字段名称为style时，它的字段类型为"单选"。在"多值项"文本框中输入的内容为"单图""多图""大图"，如图3-119所示。直接在文本框里面输入，每输入一个就按<Enter>键确认即可。

图3-119 信息流大图

③ 信息流单图。

注意字段名称为style时，它的字段类型为"单选"。在"多值项"文本框中输入的内容为"单图""多图""大图"，如图3-120所示。直接在文本框里面输入创意模板信息，包括字段名称、字段标题、字段类型以及显隐控制，每输入一个就按<Enter>键确认即可。

图3-120　信息流单图

④ 信息流多图。

注意字段名称为images时，字段类型为"数据项"，配置数据项一共有3个，分别为"img_1""img_2""img_3"，如图3-121所示。

图3-121　信息流多图

### ↘ 3.11.4 广告创意设置规则

#### 1. 开屏图广告

在"创意类型"处选择"自定义模板"，在"创意模板信息"模块下的"模板"处选择"开屏图模板"，如图3-122所示。

开屏图广告，建议尺寸为1 080像素×1 920像素。

图3-122　开屏图广告

#### 2. 信息流单图广告

在"创意类型"处选择"自定义模板"，在"创意模板信息"模块下的"模板"处选择"信息流单图"，如图3-123所示。

信息流单图广告，建议尺寸比例为1∶1，尺寸为200像素×200像素。

图3-123　信息流单图广告

### 3. 信息流大图广告

在"创意类型"处选择"自定义模板"，在"创意模板信息"模块下的"模板"处选择"信息流大图"，如图3-124所示。

信息流大图广告，建议尺寸比例为2：1，尺寸为400像素×200像素。

图3-124　信息流大图广告

### 4. 信息流多图广告

在"创意类型"处选择"自定义模板"，在"创意模板信息"模块下的"模板"处选择"信息流多图"，如图3-125所示。

信息流多图广告，建议使用尺寸比例为1：1，建议尺寸为200像素×200像素。

图3-125　信息流多图广告

### 5. 插屏广告

在"创意类型"处选择"图片"，尺寸选择200像素×225像素，如图3-126所示。

插屏广告，建议尺寸比例为8∶9，尺寸为200像素×225像素。

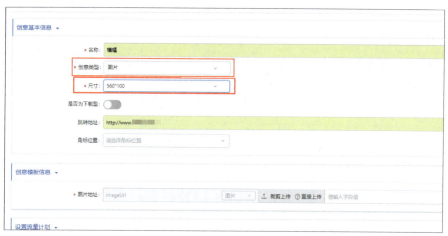

图3-126　插屏广告

### 6. 横幅广告

在"创意类型"处选择"图片"，尺寸选择560像素×100像素，如图3-127所示。
横幅广告，建议尺寸比例为28∶5，尺寸为560像素×100像素。

图3-127　横幅广告

### 7. 视频前贴片广告

在"创意类型"处选择"视频贴片"，如图3-128所示，目前的贴片广告只支持图片。
视频前贴片广告，建议尺寸比例为4∶3，尺寸为400像素×300像素。

### 8. 视频暂停广告

在"创意类型"处选择"视频贴片"，如图3-129所示，目前的贴片广告只支持图片。
视频暂停广告，建议尺寸比例为4∶3，尺寸为400像素×300像素。

图3-128 视频前贴片广告

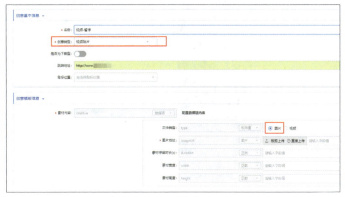

图3-129 视频暂停广告

## 9. 视频后贴片广告

在"创意类型"处选择"视频贴片",如图3-130所示,目前的贴片广告只支持图片。视频后贴片广告,建议尺寸比例为4∶3,尺寸为400像素×300像素。

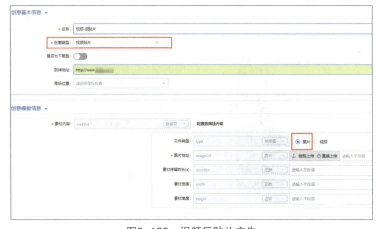

图3-130 视频后贴片广告

## 3.11.5 客户端广告设置方法（App工厂后台操作）

### 1. 客户端开屏广告

在App工厂中单击"客户端管理"—"风格配置"—"启动页广告"，然后设置客户端的开屏广告（即启动页广告），如图3-131所示。客户端开屏广告配置分为后台启动页广告配置和AFP启动页广告配置。

图3-131 设置开屏广告

在后台启动页广告配置中，管理员可根据手机机型的不同尺寸上传广告图片，如图3-132所示。

图3-132 上传广告照片

根据广告内容选择是否配置背景音乐，设置广告显示时长，配置用户点击后跳转的URL，如图3-133所示。

图3-133 设置广告内容

在启动页广告设置页面中，管理员只需将在SSP广告平台（供应方平台）上设置好的广告创意ID填入推广位即可。需要注意的是，iOS和Android需要分别单独配置对应的广告，如图3-134所示。

图3-134 填入广告位ID

## 2．客户端导航页面广告

在App工厂中单击"客户端管理"—"菜单配置"—"独立导航"，选择需要增加广告的导航页面，在导航一栏可以配置应用内广告和播放器广告，如图3-135所示。

## 3．列表广告

导航上选择"应用内广告"—"添加推广位"，出现"应用内广告管理"对话框，如图3-136所示。

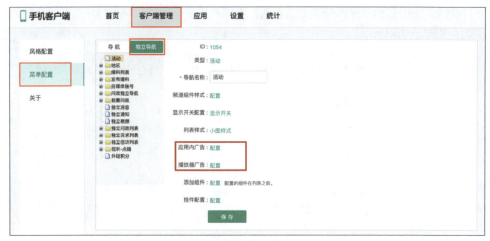

图3-135　客户端导航页面广告

图3-136　添加推广位

导航上选择"应用内广告"—"添加广告位投放",出现"添加广告位投放"对话框,如图3-137所示。推广位ID为SSP广告平台上创建完成的广告创意ID,推广位名称为自定义名称,推广位位置可选择横幅、信息流、全屏/插屏广告,代表着客户端的3种广告展示样式。投放终端可选择Android和iOS,两个终端需要分别设置两个广告推广位。

图3-137　添加广告位投放

#### 4. 播放器广告

导航上选择"播放器广告"—"添加播放器"，出现"播放器广告管理"对话框，如图3-138所示。

图3-138　播放器广告

导航上选择"播放器广告"—"添加广告位投放"，出现"添加广告位投放"对话框。播放器ID为SSP广告平台上创建完成的播放器广告创意ID，播放器名称为自定义名称，投放终端可选择Android和iOS，两个投放终端需要设置两个播放器广告位，如图3-139所示。

图3-139　设置播放器ID、名称及投放终端

#### 5. CMS广告

CMS栏目中可完成栏目播放器广告的相关设置，设置完成后将会在网站中显示播放器广告。

在CMS的"站点管理"—"栏目管理"中选择需要配置广告的栏目，在栏目设置中即可配置广告播放器ID，播放器ID为SSP广告平台上创建完成的播放器广告创意ID，如

图3-140所示。

图3-140　CMS广告设置

## 思考与练习

1. 在融媒体时代，为什么要进行用户运营？
2. 用户运营的流程有哪些，分别有哪些步骤？
3. 用户运营的工具有哪些，分别有哪些应用？

# 第 4 章
## 内容运营工具

学习目标
- 了解内容运营的基本概念。
- 了解内容电商的三大运作模式。
- 掌握电商平台实现内容运营的核心功能与业务流程。

素养目标
- 通过内容运营工具的使用，明确新闻的导向作用，掌握内容工具创新内容表现的形式，提升内容传播效果。
- 学习深耕专业化、垂直化、场景化内容服务，推动视听科创与文创应用，提高精品内容成果转化率、社会影响力和市场占有率。

内容运营对品牌推广的重要程度不言而喻。内容运营是运营者利用新媒体渠道，用文字、图片或视频等形式将信息清晰地呈现在用户面前，并激发用户参与的完整运营过程。在融媒体时代，信息呈网状交互传播，人人都可生产内容，成为自媒体。内容运营的过程中常常会遭遇瓶颈，因此，相关从业人士不仅要创新产品推广，还要突破语言表达的固有模式。

学会借助内容运营工具，往往能够为品牌运营工作开拓新的思路。在融媒体内容运营的场景中，一些内容运营工具的使用，能帮助运营者解决内容运营工作中遇到的困难。

# 4.1 内容运营的思路

内容型产品有3个核心要素，即生产者、载体、消费者，如图4-1所示。

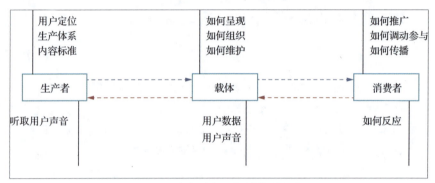

图4-1 内容型产品的3个核心要素

标准的内容消费路径为生产者—载体—消费者—反馈（部分通过载体）—生产者，如此循环，形成一个内容生态系统。

在生产者环节，融媒体运营者需要考虑的是目标群体定位（以帮助内容定位，用互联网的术语来说，就是找到自己的调性）、如何生产内容（建立生产体系，思考应该如何寻找生产者等）、内容的标准是什么。这3点考虑清楚并付诸实施后，初期的内容就会随之产生。

在内容生产出来之后（一般都应提前规划好），需要考虑的问题是选择什么载体。有的载体可能是产品本身。

内容在载体上发布之后，需要思考如何让更多的人触及，这涉及推广的相关事宜，即如何让用户积极参与。如果是UGC产品，那么这点就显得尤为重要。另外，还需要考虑如何调动用户的积极性，让用户自发地传播内容。

运营进行到这里，从生产者到消费者的信息传达算是完成了，但对于运营者来说，并没有结束，还要记录用户反馈。互联网运营的价值在于拉近与用户的距离，推进产品迭代完善。在用户消费内容后，用户会做出反应，发出他们的声音：一是用户本身消费行为所发出的声音，如阅读数、点赞数、转发数等；二是用户表达出来的声音，如留言等。

之后，融媒体运营者需要搜集整理用户的声音，再分析数据，以帮助生产者生产更合适的内容。至于如何分析用户的声音，具体可划分为分类、甄别、测试3个环节。

最后，需要强调的是，以上所有涉及的内容都是为内容生态系统服务的，不能分开来看，内容运营的理想状态就是实现内容生态系统的健康循环。

# 4.2 内容运营工具：融媒体内容电商运营

随着互联网的发展，消费者开始更为关注各种有趣的内容，并更愿意听从这些内容生产者的建议进行消费，内容引导消费作为一种新的消费生态正在形成。因为喜欢生产者创作或分享的内容，所以购买其推荐或生产的商品，这就是内容电商的魅力。

内容电商是以消费者为中心，以引发情感共鸣为目的，通过优化内容创作、内容传播和销售转化机制来实现内容和商品的同步流通与转化，从而提高营销效率的一种新型电商模式。

## 4.2.1 内容电商的三大运作模式

### 1. 基于UGC（用户生成内容）的内容电商

内容平台通过各种分成或激励政策吸引内容生产者加入并积极参与内容原创，在用户阅读内容的过程中实现内容变现。在这种模式下的内容平台，主要负责内容的聚合分发、变现及利益的分成。UGC可通过广告收益、商品导流等方式实现盈利。

### 2. 基于PGC（专业生产内容）的内容电商

PGC和UGC的区别在于有无专业学识、资质，在所创作的内容领域是否具有一定的背景和经验。两者之间并无明显的界限，基于PGC的内容电商可以提供更高质量的内容，与消费者建立情感连接，完成以用户为中心的内容矩阵。PGC可基于生产内容的矩阵完成媒体广告投放、品牌电商销售、品牌服务运营等盈利模式。

### 3. 基于平台的内容电商

基于大型电商平台的运营模式，拥有优质的电商供应链及丰富的产品资源。但在互联网流量红利呈大规模分散的背景下，电商平台依然要靠内容吸引用户的注意力。传统电商平台主动进行内容调整后，生产出新的内容电商平台如淘宝头条、微淘、直播等后，开展了电商业务新模式。

## 4.2.2 融媒体电商运营核心功能介绍

### 1. 电商运营功能概述

线上、线下联合营销，形成包装本地化内容+产品+电商模式。对于用户来说，使用App不再是简单地获取新闻资讯，而是有效地体验融媒体带来的便利。对于运营者来说，快速拥有闭环交易系统，最短时间内顺利上线，使App流量通过电商直接变现，快速塑造品牌并完成推广。

### 2．业务场景

用户通过App端入口进入电子商城，浏览选择商城商品，下单购买、收货。运营者通过商城后台管理上架商品信息、订单信息、仓储物流信息以及查询收益等相关数据。

业务流程：运营者上架商品—用户浏览商品—用户下单购买—运营者后台查询订单—运营者发货—用户收到商品，确认收货。

### 3．核心功能

电商平台可以设置上架商品的库存量，并配备订单管理系统和交易支付系统，然后将配置完成的商品在商城中进行售卖，并提供给用户进行购买。配置完成的商城页面如图4-2所示。

图4-2　配置完成的商城页面

## ↘ 4.2.3　融媒体电商核心业务流程

### 1．商品管理

运营者可以创建新的商品，设置详细的商品库存信息，也可以在商品列表中查看商品销量、库存以及用户访问量等商品销售信息，并且可以按不同条件对所有商品进行筛选，如图4-3所示。

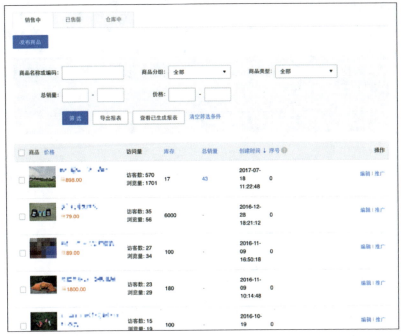

图4-3 商品管理

## 2. 商品上架与发布

运营者可在后台设置商品类型、物流信息、其他信息、价格库存等商品属性，如图4-4所示，可设置商品的多规格或统一规格，方便各行业差异化的商品和交易流程运作。

图4-4 商品上架与发布

### 3. 订单管理

运营者可以查看所有的订单列表，订单按类型可分为普通订单、代付订单、送礼订单、多人拼团订单、扫码收款订单等，列表支持多种订单状态筛选，支持对订单进行发货、筛选、导出报表、订单排序、查看详情、备注、标星等操作。订单管理如图4-5所示。

图4-5　订单管理

# 4.3　内容付费

随着媒体优势的形成和市场发展趋势，内容付费应运而生。

## ↘ 4.3.1　内容付费核心功能介绍

内容付费的核心功能具体可划分为以下几项。

- 支持图文、视频、音频等多种类型内容的付费。
- 支持内容专辑付费模式。
- 完善的订单管理。
- 资产对账管理。
- 内容的付费设置。

### 1. 商品管理

在内容付费的模型中，可以将每一类需要付费的内容看成一个商品。在商品管理中可以添加付费内容的类型，如图文内容付费、视频内容付费、音频内容付费、专辑内容付费，并可以为每一个商品类型设置参数，如付费模式、单品价格、方式等。商品管理如图4-6所示。

图4-6 商品管理

## 2．内容设置

在编辑内容时，可以将图文、视频、音频、专辑等内容设置为付费内容。设置完成后，前端则必须支付相应的金额才能查看内容。内容设置如图4-7所示。

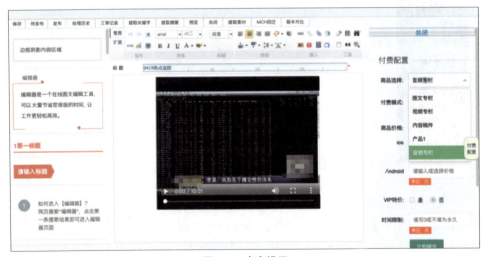

图4-7 内容设置

## 3．订单管理

购买记录会形成订单。在订单管理中可以查询每一笔购买记录，并且可以查看到其订单状态，也可以根据订单号、商品名称等条件进行检索查询。订单管理如图4-8所示。

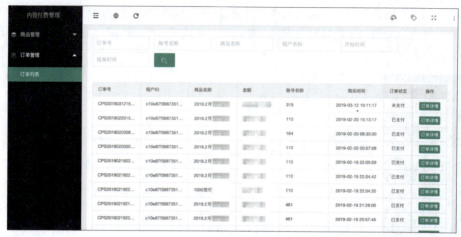

图4-8　订单管理

### ↘ 4.3.2　内容付费核心业务流程

#### 1. 商品类型的准备

单击"内容付费管理"—"商品类型管理"，选择"虚拟内容"商品类型，如图4-9所示，并且设置商品相关的参数，如该商品类型的付费模式、付费方式、VIP特价、有效期等。

图4-9　商品类型的准备

#### 2. 虚拟商品的添加

进入"虚拟商品列表"页面，单击"添加虚拟商品"按钮，添加虚拟商品，如图4-10所示。虚拟商品是一个抽象的描述，是商品类型下的一种类型，并不是具体的内容。可以添加的虚拟商品有图文专栏、视频专栏、音频专栏等。添加虚拟商品时，可以设置商品参数，如付费模式、付费方式等。

#### 3. 付费配置

进入"CMS内容管理系统"页面，创建一篇内容，勾选"付费"复选框，然后选择关联的商品，根据内容商品的属性，设置商品价格、时间限制等信息，如图4-11所示。

图4-10　添加虚拟商品

图4-11　付费设置

## 4．专辑专栏的付费配置

进入"CMS内容管理系统"的"专辑管理"页面，在"手机专题"中选择一个专题进行编辑，选择开启付费模式后，便可以给整个专题设置付费模式、商品价格等参数，如图4-12所示。

图4-12　专辑专栏的付费配置

### 5. 订单管理

进入"订单列表"页面，可以查看所有用户购买商品的订单记录，包括内容的订单、虚拟币充值的订单、VIP会员充值的订单，并可以查看订单状态和订单的详细信息，如图4-13所示。

图4-13　订单管理

## 思考与练习

1. 内容电商的三大运作模式分别是什么，各有什么特点和作用？
2. 如何使用电商平台完成商品的上架与发布？
3. 内容付费包含哪些核心功能？

# 第 5 章

# 活动运营工具

学习目标

● 了解融媒体活动运营平台的产品特点。

● 掌握使用融媒体活动平台完成基础信息设置、活动奖品创建、活动创建、数据统计等相关流程的方法。

素养目标

● 通过活动运营工具的使用，明确新闻的导向作用，掌握活动运营工具创新内容的表现形式，提升内容传播效果。

● 学习增强平台信息服务聚合与精准分发的能力，提供专业性、针对性、亲民性强的媒体服务，拓展广电 + 政用、民用、商用服务，提高平台价值和用户活跃度。

活动运营是三大运营手段（内容运营、用户运营、活动运营）中具有爆发力且能有效激活用户和促进新用户注册的运营手段。活动运营指运营者针对不同性质的活动进行的一项工作，包含活动策划、活动实施、活动执行跟踪、分析评估活动效果等环节。活动的过程一般分为4个步骤，分别是准备、策划、执行和复盘，简单来说就是开始活动时首先要明确目的，然后进行活动策划，接着在执行活动过程中进行有效沟通，最后对整个活动进行总结和分析。

# 5.1 活动运营的模式

活动运营的模式是以活动经济运营为切入点的，提升用户的全面参与感，从而获得融媒体新经济收益，如图5-1所示。

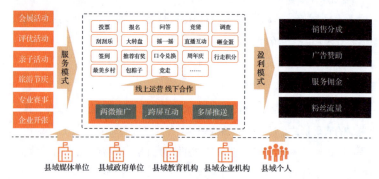

图5-1　活动运营的模式

# 5.2 活动运营业务流程

## 5.2.1 活动的业务流程

活动的业务流程主要分为4个步骤，如图5-2所示。

图5-2　活动的业务流程

### 1. 环境的准备与基础信息设置

活动前的准备中，需要设置活动的基础信息，如该活动在微信中使用需要进行信息授权操作时，可在后台对微信用户进行微信粉丝授权参与等操作。

### 2. 活动的奖品准备与创建

活动过程中需要准备一些奖品的素材，如奖品的图片、资料等，然后在奖品管理中创建奖品信息，奖品可以设置为优惠券奖品和实物奖品。

### 3. 活动的创建与发布

根据实际的应用场景选择合适的活动类型进行创建和发布，如大转盘、摇一摇、刮刮乐、砸金蛋、报名、问卷调查等活动。

### 4. 活动的数据统计和效果评估

在活动结束后可以通过数据统计评估活动的效果，如活动参与人数、投票数据、中奖名单等活动数据。

## 5.2.2 活动的环境准备和基础信息设置

单击"互动运营"—"魔方互动"—"微信设置"，进入微信授权页面，对微信公众号进行授权绑定，如图5-3所示。绑定后，管理员可在微信端发布活动，让微信用户参与活动。

图5-3 微信授权绑定

## 5.2.3 创建优惠券奖品

单击"魔方互动"—"新建奖品"，进入新建奖品页面，选中"优惠券"选项卡，创建一个优惠券奖品。可以设置奖品名称、有效时间、兑奖方式、兑奖链接、奖品图片，同时可以添加奖品赞助商的信息，如图5-4所示，添加的优惠券奖品将显示在奖品的内容页中。

图5-4 创建优惠券奖品

## ↘ 5.2.4 创建实物奖品

单击"魔方互动"—"新建奖品"，进入新建奖品页面，选中"实物"选项卡，创建一个实物奖品。可以设置奖品名称、奖品库存、兑换方式、奖品图片，同样可以添加奖品赞助商的信息，如图5-5所示。

图5-5　创建实物奖品

## ↘ 5.2.5 管理奖品

单击"魔方互动"—"奖品列表"，进入奖品列表页面。管理员可以在这一页面中统一管理奖品，还可以对奖品进行查看详情、入库、出库、删除等操作，如图5-6所示。

图5-6　管理奖品

## ↘ 5.2.6 创建活动

单击"魔方互动"—"新建活动"，进入"创建一个新活动"页面。选择一个活动类型和活动模板，活动类型大转盘、投票、问卷调查、报名、刮刮卡、砸金蛋、摇一摇等，如图5-7所示。

图5-7 创建活动

## ↘ 5.2.7 选择模板

单击"魔方互动"—"新建活动",在"创建一个新活动"页面中选择大转盘、摇一摇、刮刮卡、砸金蛋等类型的活动。如选择"摇一摇"模板,单击"使用模板"按钮,设置活动的内容,如活动名称、活动的开始时间和结束时间、活动次数,可以自定义活动的背景图、详细描述活动简介等,如图5-8所示。在设置好了活动的基础内容之后,接下来需要完成奖品、渠道等相关信息的设置。

图5-8 选择模板

## ↘ 5.2.8 奖品设置

在活动创建的过程中需要设置奖品信息。管理员可以设置奖品的基础规则,如是否采用现场抽奖等,添加奖品库中的奖品;还可以设置中奖的概率等。奖品设置如图5-9所示。

图5-9 奖品设置

## ↘ 5.2.9  渠道设置

在活动创建的过程中，渠道主要是指活动的分发渠道，即活动创建完成后，需要将该活动分发到哪些渠道。如发布到App中，则需要设置好App对应的下载地址、iOS系统报名渠道、Android系统报名渠道等，如图5-10所示。

图5-10  渠道设置

如需要发布到微信则可以上传公众号的二维码来增加人气。开启分享后，活动便可以分享到微信。管理员可以为该活动设置分享的标题和文案。

## ↘ 5.2.10  查看互动类型活动的兑奖结果

在"活动列表"页面中，选择互动类型的活动，单击"兑奖"按钮查看中奖列表记录，如图5-11所示。

图5-11  查看兑奖结果

在"中奖列表"页面中可以看到中奖人的ID、手机号等信息，以及中奖的奖品信息和兑奖码。管理员可以导出数据，将中奖名单导出为Excel表格并打印。

## ↘ 5.2.11 创建投票活动

在投票活动的创建中，先选择一个投票活动的模板，单击"使用"按钮，优先设置活动的基础内容信息，如活动的名称、活动的开始时间和结束时间、活动的规则和内容等，如图5-12所示。之后，还需要设置投票项、渠道、列表等信息。

图5-12 创建投票活动

## ↘ 5.2.12 投票项设置

在投票活动的创建中，需要设置一个投票项，即投票对象的信息。单击"添加投票项"按钮，设置投票项的名称、组别、权重、缩略图、状态、展示类型、描述和详细介绍等信息，如图5-13所示。投票项也可以直接关联到报名活动。

图5-13 投票项设置

## ↘ 5.2.13 查看投票结果

在"活动列表"页面中，选择投票类型的活动，单击"投票记录"按钮，查看投票结果，如图5-14所示。管理员可以实时观测该活动的投票情况，并导出Excel表格进行打印。

图5-14　查看投票结果

## ↘ 5.2.14　创建问卷调查活动

在"活动列表"页面中，选择问卷调查类型的活动，单击"数据导出"按钮，导出问卷调查的结果。单击"下载报告""下载主观题答卷"按钮分别下载Excel和PDF格式的文件，如图5-15所示。

图5-15　创建问卷调查活动

## ↘ 5.2.15　创建报名活动

报名活动在媒体行业中经常常用到，如歌唱大赛、主持人大赛等。首先进入"新建活动"页面选择一个报名活动的模板，单击"使用"按钮。跟其他活动类型一样先设置活动的基础内容信息，如活动名称、活动的开始时间和结束时间、活动规则和内容等。接着需要进行报名设置，如图5-16所示，最后设置渠道等信息。

图5-16　创建报名活动

## ↘ 5.2.16　查看活动的报名信息

在"活动列表"页面中，选择报名类型的活动，单击"报名信息"按钮，查看该活动下所有报名人员的相关信息，如图5-17所示。如果信息的数据字段和在创建报名活动时录入的一致，所有报名人员的信息就可以导成Excel表。

图5-17　查看活动报名信息

## ↘ 5.2.17　查看活动的数据分析报告

单击"魔方互动"—"数据统计"，可以查看所有活动的数据统计结果，如今日参与人数、累计参与人数、正在进行的活动、累计活动数等，如图5-18所示。也可以针对具体的某一场活动查看活动的详细统计信息。

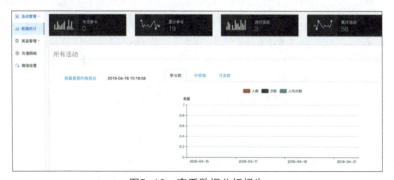

图5-18　查看数据分析报告

# 5.3 活动运营工具：互动运营

融媒体中心建设规范应按照"媒体+"的理念，从单纯的新闻宣传向公共服务领域拓展，增强互动性，从单向传播向多元互动传播延伸，将媒体与政务、服务等业务相结合，提供多样化的综合服务，满足用户多样化的需求，开展"媒体+政务""媒体+服务"等业务。

## 5.3.1 互动运营平台核心功能介绍

### 1. 互动运营平台核心功能概况

互动运营平台的核心功能涉及4个板块，分别为活动内容层、场景互动层、数据反馈层和接口开放层，如图5-19所示。其中，活动内容层包含活动管理、奖品管理及模板库三大模块；场景互动层包括行为埋点、自定义投放和活动推送三大功能，可供客户进行设置；数据反馈层主要完成对活动数据的分析；接口开放层可以为服务接口提供各种样式的选择。

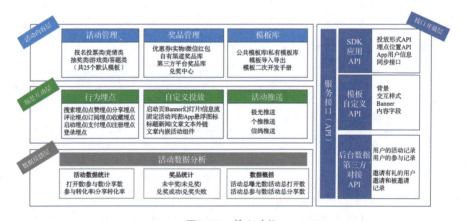

图5-19 核心功能

需要注意的是，互动运营情况需要依托数据进行反映，而融媒体互动运营过程中产生的数据并不是单纯地指各种Excel表格或数据库，文字、图片、视频、报表等都属于数据的范畴。例如，运营者在搜索引擎的搜索界面，通过图片识别、音频识别等方式完成搜索操作，这些方式都属于数据的其他表现形式。因此，数据不仅仅指狭义上的数字，还可以指具有一定意义的文字、字母、数字符号的组合，如图形、图像、视频和音频等。其中，商务数据主要是指记载商业、经济等活动领域的数据符号。当然，不同数据的获取途径、分析目的、分析方法都不尽相同，不同行业、不同企业在数据分析中也都各有偏好。

### 2. 互动运营平台功能特点

（1）丰富的场景和模板

平台提供5类活动形式（见图5-20）和25个活动模板，基于活动策划目的，选择活动所需形式和模板。活动从创意到落地仅需20分钟，配置简单、玩法多样，不同活动形式还可组合配置。同时还提供模板二次开发手册，让具有一定前端技术能力的运营者制作更加贴合策划运营IP的自定义模板。

（2）丰富的奖品设置

为满足活动运营者的奖品需求，平台可提供优惠券类、实物类、微信红包类、自有渠道和第三方平台奖品库，如图5-21所示，一站式帮助运营者解决购奖、兑奖、发奖等问题。

图5-20 丰富的场景和模板

图5-21 丰富的奖品设置

（3）根据运营目标自定义埋点

除了支持在微信端客户群投放，平台还支持在App内任意固定的位置增设活动或运营的推广位，最大化地提高活动曝光率。

（4）基于场景行为触发

基于移动端八大类典型用户行为可以进行搜索、点赞、分享、评论、启动、支付、收藏、订阅等操作，平台预置了匹配的埋点触发接口类型，按需集成App后即可开始推广运营，同时支持大图、小图、无图等触发形态，覆盖多种运营场景，如图5-22所示。

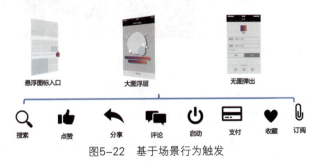

图5-22 基于场景行为触发

（5）完整的运营分析能力

从活动访问数据、用户参与数据到奖品兑换数据，每个维度的数据都能完整地呈现给运营者，如图5-23所示，便于活动运营者跟踪和复盘活动。

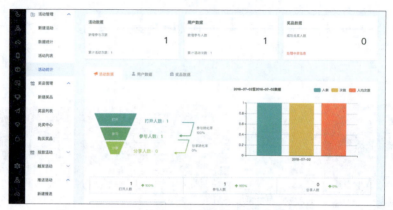

图5-23　运营分析

### ↘ 5.3.2　活动管理

活动运营者可以在平台中进行活动的创建和管理，并且在创建模板时可以在模板库中进行个性化选择，如图5-24所示，同时可以分享互动二维码，设置活动的权重以及开启或暂停活动。

图5-24　选择活动类型

### ↘ 5.3.3　奖品管理

奖品管理模块中，运营者可以管理奖品，创建优惠券、实物、微信红包等奖品类型，也可以为每个奖品设置基本信息、兑换方式以及赞助商的信息，对已发布的奖品进行编辑、删除等操作，如图5-25所示。

图5-25　奖品管理

## ↘ 5.3.4　活动触发

平台提供了不同场景下的活动触发能力，如App端的搜索、点赞、分享、评论、订阅、收藏等场景。

活动触发可以基于这几个场景创建活动触发方式，在满足场景的条件下可以对活动被触发弹出的时间进行设置，如在分享后、评论时、用户订阅时等，如图5-26所示。

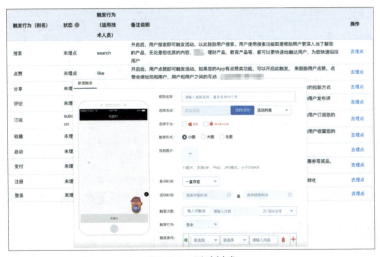

图5-26　活动触发

## ↘ 5.3.5　活动推送

平台提供活动推送功能，将创建的活动或正在进行的活动通过App推送的方式推送到手机移动客户端，如图5-27所示。

图5-27　活动推送

## ↘ 5.3.6　数据统计

平台提供了基于整个平台以及单个活动的数据统计分析功能，运营者可以看到新增访问次数、新增参与人数、奖品领取人数、活动分享人数等，也可以看到某个活动的数据，如图5-28所示。

图5-28　数据统计

基于这些活动数据，运营者可以完成活动总结以及完成下次活动策划。

## 思考与练习

1. 使用融媒体互动运营平台可以实现哪些功能的配置？
2. 想要在互动运营平台上发布一项活动时，需要完成哪些设置？
3. 如何使用活动运营工具创建投票活动？

# 第6章
# 融媒体直播运营

学习目标

● 熟悉融媒体直播运营基本概念。

● 掌握融媒体直播工具。

素养目标

● 在事件直播中通过案例演示，将社会主义核心价值观、家国情怀、法制意识、社会责任等主流价值观融入其中。

● 通过融媒体直播运营工具的使用，打造全媒体对外传播格局，讲好中国故事，传播中华文化。

传统广播电视台直播采集形式单一、受众互动性缺乏、卫星连线延时高、发布渠道单一，而融媒体直播平台有着更全面的信源接入、更强大的网络聚合能力、更灵活的连线方式、更广泛的发布渠道。融媒体时代最重要的是打破传统媒体与新媒体的边界。总体来说，融媒体时代最终将使得信息能够进行无障碍无差别地传递。

# 6.1 融媒体直播运营概述

当今社会已经进入了融媒传播、多屏互动的信息时代。新的传播样态形成了新的媒介生态圈，同时也影响了受众对信息的接受心理和思维方式。传统的播出平台不再受到追捧，传统样态的生存空间逐渐被挤压。由于新的传播技术的兴起和应用以及受众新的审美需求和心理都在不断倒逼原有的新闻生产模式，尤其是直播新闻对采编流程、播出方式、记者素养做出相应的调整，积极顺应融媒发展大势，打造新闻报道融媒传播下的直播态成了当务之急。

## ↘ 6.1.1 传统媒体时代的新闻直播

我国早在20世纪80年代就已经开始尝试电视新闻的现场报道，90年代趋于成熟，1997年被称为我国的"电视直播年"。从1997年至今，电视直播进入了一个繁荣发展的活跃期。

电视新闻直播是指利用微波及卫星信号传输系统，将设置在现场的多个拍摄角度不同的拍摄机位摄录到的画面、音响、综合背景资料，通过现场记者与演播室主持人的采访、串联与评述，现场切换、剪辑，实时播出，争取在第一时间传达给观众的一种新闻报道形式。

但一直以来在我国电视传媒界，由于受到资金、技术、人才、政策等因素的制约，直播的内容和质量都受到了一定影响。常态化的新闻直播模式依然仅限于演播室模式，简单的线性传播、单向传播，互动性差、缺乏用户体验，只能实现从传者到受者简单的信息输出而缺乏受者的及时反馈，无法实现双向交流，因此这也成为传统媒体新闻直播发展的又一瓶颈。

## ↘ 6.1.2 融媒体时代的新闻直播

随着大数据、VR（虚拟现实）等技术逐渐成熟，网络新闻直播成为新媒体时代技术进步的产物。各大新闻媒体纷纷借助新媒体平台传播新闻信息，扩大自身影响力。中央广播电视总台由传统媒体的电视新闻直播向网络新闻直播转型。同时，网络移动终端不受空间的局限，随处可以观看新闻，更符合当前的接收信息需求，也使央视新闻获得了更多的受众群体。

除此之外，受众对新闻信息的接收方式也由传统媒体时代的"媒体说、受众听"变为如今受众按需获取新闻资讯，从被动接收转变为主动选择，更具自主性。受众根据自身的兴趣、需求选择时政、军事、体育、人文等新闻直播视频，获得更好的体验。如今"微博+直播"的产品组合正成为媒体报道的新趋势。从直播两会到里约奥运会，再到

G20杭州峰会，可以说网络视频直播不断与媒体报道深度融合，直播范围遍及全球。有数据显示，G20杭州峰会期间央视新闻微博48小时不间断视频直播，观看人数达到2 139万人次，此外8家央视媒体和浙江本地媒体共计直播45场，网络新闻直播的影响力和受众普及范围可见一斑。

　　融媒体时代，网络新闻直播有播出时长不受限的特点，利用自身持续性、即时性的优势弥补了传统媒体新闻直播的不足，增强了新闻传播的完整性和感染力。而网络新闻直播也正符合了施拉姆的传播学理论，使受众在观看新闻的同时发表自己的评论、个人观点，参与实时互动，有着极强的参与性，打破了传统电视新闻直播较为被动、封闭的状态。

　　这种直播方式满足了直播者与受众之间双向的信息交流反馈，网络直播的弹幕和留言功能也更加人性化，更加真实地体现了受众对新闻的态度，从而增强了互动性和参与感，有效避免了单向传播的舆论失衡。

## ↘ 6.1.3　融媒体直播运营的目标和业务特点

### 1. 融媒体直播运营的目标

　　基于电视、互联网、直播录制+点播服务、区域活动转播、新闻连线等服务特性，融媒体直播可以实现"使用直播无限定，运营直播无束缚，观看直播无局限"，以实时、简单、多元、互动的鲜明特性，融媒体直播可支持专业摄像机、手机、无人机、运动相机等多种信号来源进行直播，便捷进入各种直播现场，使所有网络和终端的用户都能看到稳定、清晰、流畅、低延时的直播画面。融媒体直播的多种信号来源如图6-1所示。

图6-1　融媒体直播的多种信号来源

### 2. 融媒体直播运营业务特点

融媒体直播运营业务呈现移动化、专业化、深度融合、云监管、全平台等特点。

　　●**移动化**：相比于传统电视直播，融媒体直播更偏向于移动化直播场景，利用移动化的直播工具，包括手机、运动相机、无人机等移动化设备。

　　●**专业化**：融媒体直播内容更加专业，由专业的人员进行直播。

　　●**深度融合**：融媒体直播与传统生产系统相融合，直播的内容与台内视频、内容系统打通，与广电行业深度融合。

　　●**云监管**：系统通过人工智能技术鉴别违法视频及图片内容，能够减少审核的人力成本，更有效地降低违规风险。系统全自动监控，告警提示即可一键禁播，如图6-2所示。

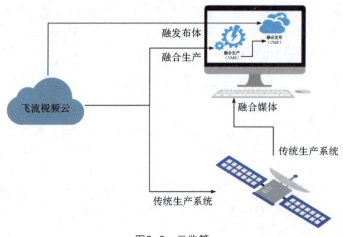

图6-2　云监管

● **全平台**：支持将M路直播信号通过矩阵调度的方式分别分发到N个第三方平台，形成分发矩阵，同时支持多个链路的稳定传输和检测。简单快捷高效，一键即可实现跨平台同步直播，让优质内容获得更多发布渠道，从而达到快速引流及扩大直播活动影响力的效果。

## 6.1.4　融媒体直播运营的意义

随着互联网技术的发展，信息传播从传统媒体向互联网转化，互联网已经成为信息获取的第一渠道。融媒体时代，传统媒体在新媒体的冲击下，抓住机遇、迎难而上、乘风前行，显得非常重要。

在融媒体发展新阶段，直播成为新媒体的主要报道形式，可作为电视报道的补充。大量的媒体转型过程中通过直播转型，直播成为融媒体信息传播的主要形态之一。

"直播"以时效性、互动性的网络信息视频传播方式，将受众与信息内容交互在一起，也可以说，它是以视频信息内容为媒介将传者与受者联系在一起。最初的直播是以社交和娱乐吸引受众的眼球，但随着直播主体的多样化、直播影响的扩大化，它也渐渐被新闻媒体接受，并成为新闻信息公开和速递的新平台，正改变着传统新闻的传播形式。

### 1. 规范市场，规范主播

网络新闻直播在吸取互联网快速、便捷优势的同时，也显现出了网络传播的一些弊端。部分新闻媒体为了博眼球谋得更多利益，在内容上放松监管、放宽限制，将一些质量参差不齐的内容植入新闻中，甚至曝出一些假新闻，这样的行为破坏了整个网络新闻的传播环境，严重影响新闻信息传播的严肃性。为此，2016年9月国家新闻出版广电总局下发《关于加强网络视听节目直播服务管理有关问题的通知》，通知重申新闻出版广电总局的有关规定，即直播平台必须持有《信息网络传播视听节目许可证》，以此规范网络直播平台的准入门槛。只有规范了直播市场环境，规范了主播主体，新闻直播的质量和水平才能不断提高。

### 2. 鼓励舆论，引导舆论

传统媒体受众的主体意识、个人意识在不断地提升，对新闻信息的交流度、分享度要求越来越高。网络新闻直播的优势就在于双向传播，每条新闻准确、现场直播及时，借助互联网平台实时倾听民声、感受民意，让网友互动交流，成为网民发表舆论的公共平台，给予受众更多的言论自由和信息分享自由。运营融媒体直播，媒体要适时树立媒体权威，引导舆论，保持一贯的公信力和正确的导向性，不能任由错误的舆论导向篡改和颠覆原有的新闻内容。

### 3. 媒体融合，创新发展

对于传统媒体，我们不能简单地将其归为"落后""淘汰"的代名词，电视、广播、报纸等媒介在传统媒体时代对新闻信息传播发挥了巨大的作用，有着不可磨灭的贡献。新媒体作为科技和时代发展的产物有其优势也有其弊端，所以新旧媒体并非水火不相容的关系，运营融媒体直播是全媒体时代发展的必然结果。传统媒体由于出现时间早、存在时间长，有着极其广泛而忠实的受众和属于自己的品牌力量，而这也恰恰是新媒体的不足。新媒体的可信度在一定程度上远不及传统媒体，若要取得发展，第一要务就是要提高自身媒体公信力。若可以借助传统媒体平台作为新媒体的宣传和引导受众的转型渠道，利用新媒体平台进行信息传播，就能够扬长避短，促进新闻信息的传播和发展。

## ↘ 6.1.5 融媒体时代直播的方式

### 1. 兼岗转型：新闻从此立体起来

随着新媒体的演变和推进，直播这一新的媒介形式，从原本广播电视台专属的传播形式演变成了全民直播、人人直播。大多数传统纸媒，组建新媒体部门，重点打造官方微信。例如"澎湃"的推出，以时政思想类互联网平台为标签，开始了其新闻推广之路。

大多数传统媒体的文字记者开始学习直播技能，用笔说话的文字记者变身为出镜直播的主播。新闻，从此立体起来了。在采访现场，有文字采访，有图片拍摄，还有直播团队的主播、导播、摄像在现场直播，如此形式的转换，让受访对象能接触到维度更立体的传播。

### 2. 紧追热点：传播内容更及时

新闻直播不同于普通博主直播。新闻直播必须以内容取胜。所以，如何紧追热点、抢得推广先机，对新闻直播而言，就显得非常重要了。在新闻点的提炼上，新闻直播也要更多地思考。紧追热点，提炼新闻，传统媒体人用自己的专业知识让新闻直播更聚焦、更吸引人。

### 3. 专业支持：传递知识更加准确

新闻直播对专业性的掌握在直播中显得尤为重要。新闻直播承担了和传统媒体一样的社会责任——传递正能量、传播真知识。传统媒体的直播团队，强化导播制、脚本观念，丰富主播的表现等更多的专业支持，参与到向受众传递知识的过程中，这也是传播的社会属性的最好体现。

### 4. 大众风格：推广实现生活化路线

融媒体时代的直播由一名出镜主播、一名随行导播、一名摄像，加上后台两名运营者，组成了一个直播产品的执行团队。这样灵活的直播团队所做的直播产品，自然也更大众化、生活化，更能得到受众的认可。综合来看，更大众化、生活化的主题会获得更多用户的喜欢。

# 6.2 融媒体直播产品：事件直播

事件直播是在现场随着事件的发生、发展进程同时制作和播出广播、电视节目的播出方式。现场直播现场感强，尤其是对重大新闻事件的直播，可以增强报道的可信性，强化节目效果。事件直播功能拥有着丰富的运用场景，可广泛地用于各个行业，是当下较为流行的融媒体传播形式。

## ↘ 6.2.1 融媒体直播使用场景

融媒体直播产品提供从推流、视频处理、内容分发到播放的全套解决方案，面向不同的用户群体有着不同的直播使用场景，广泛应用在媒体行业、教育行业、互联网行业、政府事业单位等，而在媒体行业中，可用于大量的面向新媒体的突发事件新闻报道直播、各类现场赛事直播、网络问政直播、活动直播以及电商直播等场景。以融媒号形式入驻的互联网企业和政府事业单位等可以基于事件直播的场景做企业发布会、企业晚会、企业事件等多种应用的直播。

此外，基于秀场直播的应用场景，媒体单位电视台及广播电台等主持人利用自己的人气和节目，通过秀场直播的方式传播到新媒体App，以更多的形式与用户建立互动关系，也通过新媒体多渠道的分发，吸引更多的用户流量，从而获取更多的用户关注。

## ↘ 6.2.2 基于事件直播的产品

基于事件直播的融媒体直播运营产品大多是基于公有云服务的产品。其通过专业摄像机、编码器、4G背包、无人机等提供专业的直播汇聚渠道，加上专业导播台在线切换，实现在线特效制作、在线配音、监播监控、通话连线、快速发布到互联网终端等功能，为企业、媒体、工作室打造专属直播服务。直播互动功能如图6-3所示。

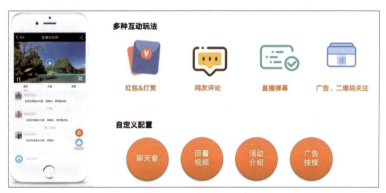

图6-3　直播互动功能

直播运营产品包括3个模块，本书着重讲解移动直播App、导播台以及管理平台。移动直播App提供直播间管理、播控管理、直播推流功能；导播台支持接入多路信号，支持基于推流信号进行加工处理，包括信号预览、信号切换、场景特效等功能；管理平台为直播服务提供直播间管理、中控管理、媒体库管理、直播剪辑、文件存储、互动管理、统计管理等功能。

直播运营产品整体功能架构如图6-4所示。

图6-4 直播运营产品整体功能架构

### 1. 移动直播App

移动直播App涵盖iOS和Android版本，是为有直播需求的用户提供手机直播推流及直播间管理的基于移动端研发的应用工具，核心功能包括直播间管理、播控管理、直播推流。

（1）直播间管理

直播间管理支持以下几个功能，具体内容如图6-5所示。

● 支持自定义直播间名称。针对不同的直播间设置不同的名称，方便直播间管理，同时支持根据直播间名称查询筛选。

● 支持直播倒计时时间显示。在创建直播间时，填写直播间直播开始时间，用户在终端可实时查看当前直播倒计时。

● 支持自定义信号源，包括手机、编码器、第三方流地址。直播间开启直播时，支持使用手机直接推流，也支持填写第三方推流地址进行推流。

● 支持自定义直播人员账号。创建直播间时，支持填写直播人员账号。当直播开始时，用户在终端即可看到直播人员的昵称。

● 支持设置弹出二维码。创建直播间时会自动生成直播观看页面的地址，通过地址生成二维码，用户用微信扫描二维码即可进入直播间观看直播。

● 支持设置直播封面。创建直播间时，可设置直播封面，直播列表会展示该直播封面。

（2）播控管理

播控管理包括以下内容，具体如图6-6所示。

图6-5　直播间管理

图6-6　播控管理

● 直播信号预览。直播间在推流时，运营者可以在后台或者移动端预览直播信号，查看当前直播信号画面，直接查看生成的画面，做到实时监控。

● Tally灯指示，灯亮表示正在推流过程中，推流信号正常。

● 直播间状态控制。运营者可以在后台或者直播App端变更直播间的状态，如开始推流或者停止推流。

● 导播通话。

（3）直播推流

直播推流支持以下几个功能，具体内容如图6-7所示。

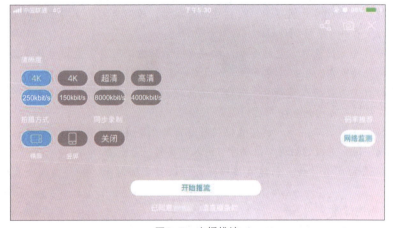
图6-7　直播推流

●支持横屏、竖屏直播。在移动端推流时，支持选择横屏推流或者竖屏推流。

●支持自定义直播码率。在移动端推流时，支持选择推流码率，如4K、高清或者超清模式。

●支持直播前监测网络。直播推流时，页面实时显示当前网络情况。

●支持显示当前推流速度。

●支持多种类型滤镜。

## 2. 导播台

专业直播需要云切换台。云切换台基于云端的视频导播应用，具有多种类型信号输入、全面的切换控制和多种类型信号输出的能力。导播台如图6-8所示。

（1）信号接入

●支持包括专业摄像机、手机、无人机、编码器、4G背包等多种信号接入。

●支持本地视频文件接入，支持格式包括AVI、F4V、FLV、MKV、MP4、MPEG等。

●支持本地图片文件接入，支持格式包括BMP、GIF、JPEG、PNG、JPG。

●支持第三方信号采用拉流方式接入，支持协议类型包括RTMP、FLV、M3U8、HLS等。

图6-8 导播台

（2）信号预览

●支持同时接入至少16路信号，在线预览8路信号（包括显示信号强度、信号名称、编号，并有相应的标识区分PGM和PVW）。

●支持多画面特效组合，支持4路画面同时组合输出。

●支持音轨矩阵，可自定义输出多种组合的音频信号。

●支持PGM、PVW信号预览。

（3）信号切换

●支持硬切、软切动态效果。

●支持紧急切换。

（4）场景特效

● 支持在直播信号上使用图片特效（包括位置、大小、透明度）。

● 支持在直播信号上使用文字特效（包括颜色、字号、斜体、循环滚动、单次滚动、固定显示，并支持自定义滚动速度）。

● 支持在直播信号上使用时间特效（包括正计时、倒计时、当前时间显示）。

● 支持场景特效元素单独保存、载入。

● 支持整个场景保存、载入。

### 3. 管理平台

飞流直播已接入"华栖云"云服务统一框架系统，用户体系与统一框架打通，后台服务管理（直播间管理、直播模板管理、互动管理、媒体库管理及云分发等功能）均在CMC框架中完成。飞流直播账户体系支持多租户同时在线使用，不同租户之间完全独立，租户只能查看本租户内的内容资源。租户账号可以对子账号进行管理，包括引入、邀请、删除。管理平台如图6-9所示。

● 支持计费类型、套餐查看，可以查看租户使用的计费类型以及该租户的套餐情况。

● 支持观看时长、云分发时长、导播台时长、媒体存储查看，支持在首页查看该租户中包含的所有用户的观看时长、剩余观看时长。

● 支持最近直播查看，展示该租户中所有用户最近直播的直播间数据。

图6-9　管理平台

直播间数据页面如图6-10所示。

（1）直播间管理

● 支持新增、管理直播间和管理导播台资源。直播后台PC端页面支持新增直播间以及管理直播间功能，支持开启导播台以及释放导播台，如图6-11所示。

● 支持聊天关键词管理，支持在直播后台PC端页面管理聊天关键词。用户在直播间内发起图文聊天时，平台会根据聊天关键词自动过滤内容。

图6-10　直播间数据页面

图6-11　直播间管理

（2）中控管理

① 中控管理产品架构。

移动直播App的中控管理产品架构如图6-12所示。

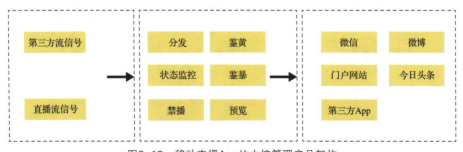

图6-12　移动直播App的中控管理产品架构

② 中控管理功能。

中控管理功能主要包括流分发-输入类型、流分发-输出类型、流分发-状态查询、流状态监控-信号接入、流状态监控、信号监看6种类型。

a. 流分发-输入类型。

流分发-输入类型支持以拉流方式获取直播信号源，包括RTMP、FLV、M3U8、HLS等协议；支持将视频、图片等文件作为信号推送到第三方平台。

b. 流分发-输出类型。

流分发-输出类型支持统一直播信号源按不同的编码参数，分发到多个目标直播平台；支持编码参数自定义，包括幅面、视频码率、音频码率、帧率；支持第三方机构推送的直播信号源在本系统中的分发。

c. 流分发-状态查询。

流分发-状态查询支持直播分发状态查询，提示直播分发是否成功，如出现异常，还能做进一步的异常提示，分辨是源头异常，还是接收端异常；支持查看每个直播流分发的目标地址及对应直播流信息参数；支持日志管理，管理员能够查看系统所有用户的操作记录。

d. 流状态监控-信号接入。

流状态监控-信号接入支持在监控列表中进行接入、移除待监控的信号，可随时增加直播流信号；支持分流流地址接入；支持第三方流地址接入。

e. 流状态监控。

流状态监控支持实时流地址状态显示，包括未监控、正常、断开、禁用；支持直播信号参数显示，包括幅面、视频码率、音频码率、帧率。

f. 信号监看。

信号监看支持PC端设置直播视频画面监看；支持监看监控列表中的信号源。

（3）媒体库管理

① 媒体库产品架构。

移动直播App的媒体库产品架构如图6-13所示。

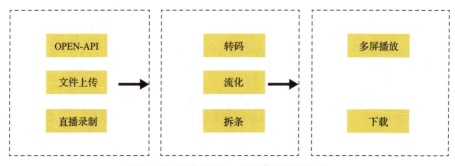

图6-13　移动直播App的媒体库产品架构

② 媒体库功能。

媒体库功能主要包括直播暂存、直播信号自动录制、高清视频直播文件同步到文件存储、直播文件在线编辑等。

（4）直播剪辑

直播剪辑支持直播暂存文件在线剪辑，支持AB打点选取裁剪范围，支持直播剪辑后文件保存于在线存储文档中等操作。直播剪辑页面如图6-14所示。

图6-14 直播剪辑页面

（5）文件存储

文件存储支持多种类型的文字、图片、视频上传，支持视频文件在线编辑等。文件存储页面如图6-15所示。

图6-15 文件存储页面

（6）互动管理

互动管理支持互动投票、红包打赏等活动，助力用户运营。同时，互动管理还支持自定义模板，支持单机位模板和多机位模板类型，支持自定义播放器位置，支持自定义直播倒计时位置、样式，支持自定义观看人次、点赞位置、样式，支持自定义聊天功能位置，支持自定义模板背景图，支持第三方使用模板SDK等。互动管理页面如图6-16所示。

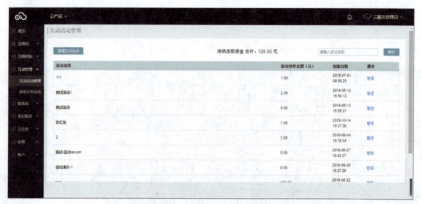

图6-16 互动管理页面

（7）统计管理

统计管理支持统计每个直播间的历史数据，包括用户量、观看人次、点赞人次、评论数、直播时长；支持统计每次直播的用户量、观看人次、点赞人次、评论数、直播时长；支持统计该租户历史用户量、观看人次、点赞人次、评论数、直播时长；支持自定义统计时间段。直播间的数据统计管理页面如图6-17所示。

图6-17 统计管理页面

## 思考与练习

1. 简述融媒体直播运营的概况。
2. 融媒体直播运营业务有哪些特点？

# 第 7 章
# 媒体大数据

学习目标
- 掌握大数据的基本概念。
- 掌握媒体大数据的来源与采集要点。
- 掌握媒体大数据的分析方法。

素养目标
- 通过大数据工具监测数据，分析研判舆情走向，为下一步决策提供数据支撑，提高运营者舆情的发现、分析、管控和引导等能力。
- 学会利用节目收视综合评价大数据系统、广电视听融合传播基础信息平台，科学评价视听内容融合传播效果。

7

在融媒体环境下，媒体行业可以借助大数据工具充分发挥效能，发现并分析研判舆情走向，为下一步管控和引导舆情提供数据支撑。

# 7.1 大数据的基本概念

大数据又称为巨量资料，指的是传统数据处理应用软件不足以处理的大或复杂的数据集，也是一种规模大到在获取、存储、管理、分析方面大大超出了传统数据库软件工具能力范围的数据集合。

大数据主要有4个特征：第一是海量的数据规模，如微博每天上传的微博数超过1亿条，世界气象中心积累了220TB的Web数据、9PB其他类型数据；第二是多样的数据类型，数据的类型和格式多样，如文字、图片、视频、音频、地理位置信息等；第三是快速的数据流转，数据具有一定的时效性，是不停变化的，可以随时间数据量逐渐增大，也可在空间上不断移动变化；第四是价值密度低，尽管大数据的数据量巨大，但是有价值的信息少，要通过分析才能实现大数据从数据到价值的转变，而这些工作量极其庞大。

# 7.2 媒体大数据处理的基本流程

## ↘ 7.2.1 大数据处理流程

大数据处理流程主要包括数据采集、数据预处理、数据存储、数据分析、数据展示等环节。数据质量贯穿整个大数据流程，每一个数据处理环节都会对大数据质量产生影响。通常，好的大数据处理产品要有大量的数据规模、快速的数据处理功能、精确的数据分析与预测功能、优秀的可视化图表以及简单易懂的结果解释。大数据处理流程如图7-1所示。

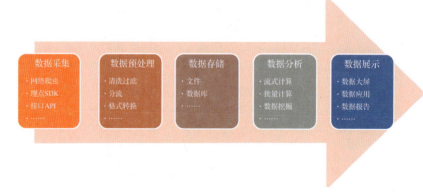

图7-1 大数据处理流程

### 1. 数据采集

在数据采集过程中，数据源会影响大数据质量的真实性、完整性、一致性、准确性和安全性。对于Web数据，多采用网络爬虫方式进行采集，这需要对爬虫软件进行时间设置以保障采集到的数据的时效性。例如，可以利用易海聚采集软件的增值API数据分析，灵活控制采集任务的启动和停止。

## 2. 数据预处理

大数据采集过程中通常有一个或多个数据源，这些数据源包括同构或异构的数据库、文件系统、服务接口等，易受到噪声数据、数据值缺失、数据冲突等影响，因此需首先对采集到的大数据集合进行预处理，以保证大数据分析与预测结果的准确性与价值性。

大数据的预处理环节主要包括数据清理、数据集成、数据归约与数据转换等内容。做好这一环节，有助于提高大数据的总体质量。

数据清理包括对数据的不一致检测、噪声数据的识别、数据过滤与修正等方面。这一过程有利于提高大数据的一致性、准确性、真实性和可用性等。

数据集成是将多个数据源的数据进行集成，从而形成集中、统一的数据库、数据立方体等。这一过程有利于提高大数据的完整性、一致性、安全性和可用性等。

数据归约是在不损害分析结果准确性的前提下减小数据集规模，使之简化，包括维归约、数据归约、数据抽样等技术。这一过程有利于提高大数据的价值密度，即提高大数据存储的价值性。

数据转换包括基于规则或元数据的转换、基于模型与学习的转换等技术。这一过程有利于提高大数据的一致性和可用性。

总之，数据预处理环节有利于提高大数据的一致性、准确性、真实性、可用性、完整性、安全性和价值性等，而数据预处理中的相关技术是影响大数据质量的关键因素。

## 3. 数据存储

大数据的分布式处理技术与存储形式、业务数据类型等相关，针对大数据处理的主要计算模型有MapReduce分布式计算框架、分布式内存计算系统、分布式流计算系统等。MapReduce是一个批处理的分布式计算框架，可对海量数据进行并行分析与处理，适合处理各种结构化、非结构化数据。分布式内存计算系统可有效减少数据读写和移动的开销，提高大数据处理性能。分布式流计算系统可对数据流进行实时处理，以保障大数据的时效性和价值性。

总之，无论哪种大数据分布式处理与计算系统都有利于提高大数据的价值性、可用性、时效性和准确性。大数据的类型和存储形式影响其所采用的数据处理系统，而数据处理系统的性能直接影响大数据质量的价值性、可用性、时效性和准确性。因此在进行大数据处理时，要根据大数据类型选择合适的存储形式和数据处理系统，以实现大数据质量的优化。

## 4. 数据分析

大数据分析技术主要包括已有数据的分布式统计分析技术和未知数据的分布式挖掘、深度学习技术。分布式统计分析可通过数据处理技术完成，而分布式挖掘和深度学习技术包括聚类与分类、关联分析、深度学习等，可挖掘大数据集合中的数据关联性，形成对事物的描述模式或属性规则，可通过构建机器学习模型和海量训练数据提升数据分析与预测的准确性。

数据分析是大数据处理与应用的关键环节，它影响大数据集合的价值性和可用性，以及分析预测结果的准确性。在数据分析环节，根据大数据应用情境与决策需求，选择合适的数据分析技术，可以提高大数据分析结果的可用性、价值性和准确性。

### 5. 数据展示

数据展示即数据可视化，是指将大数据分析与预测结果以计算机图形或图像的方式呈现给用户的过程，并可与用户进行交互式处理。数据可视化技术有利于发现大量业务数据中隐含的规律性信息，以支持管理决策。数据可视化环节可大大提高大数据分析结果的直观性，便于用户理解与使用，故数据可视化是影响大数据可用性和理解性的关键因素。

将经过分析处理后挖掘得到的大数据结果应用于管理决策、战略规划等的过程，就是对大数据分析结果的验证，这一过程直接体现了大数据分析处理结果的价值性和可用性。大数据应用对大数据的分析处理具有引导作用。

在进行大数据采集、处理等一系列操作之前，通过对应用情境的充分调研、对管理决策需求信息的深入分析，可明确大数据处理与分析的目标，从而为大数据采集、存储、处理、分析等过程提供明确的方向，并保障大数据分析结果的可用性、价值性和用户需求的满足。

## ↘ 7.2.2 融媒体数据类型

融媒体数据类型主要有4类：第一类是融合汇聚数据，其中包括新闻线索数据、舆情热点数据；第二类是融合生产数据，其中包括指挥调度数据、频道数据、版面数据、栏目数据、记者绩效数据；第三类是融合发布数据，其中包括收视率、收听率、发行量、发稿量、访问量、点评赞转量、新闻热度、情绪指数；第四类是融合运营数据，其中包括装机数、注册数、活跃度、增长率、留存率、跳出率、用户互动数据、渠道覆盖数据、地区覆盖数据、用户画像、智能推荐、精准广告。

以上4类数据基本涵盖了融媒体主要的数据类型，每种类型的数据产生于不同的阶段，同时也具有不同的用途。对这些海量数据的处理分析将决定最终结果的可用性、价值性和准确性。融媒体数据类型如图7-2所示。

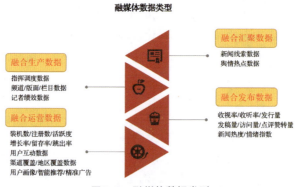

图7-2 融媒体数据类型

## ↘ 7.2.3 融媒体大数据运营实战

融媒体数据流程设计了一套基于上述4类数据类型的生成分析方式。首先，汇聚新闻线索，分析舆情热点，进行选题报题，开始指挥调度、内容生产；其次，进行多渠道发布，同时产生收视率、收听率、发行量、发稿量、访问量、点评赞转量、新闻热度、情绪指数等数据；再次，对传播效果进行分析，如装机数、注册数、活跃度、增长率、留存率、跳出率、使用时长、渠道覆盖等；最后，对具有价值的数据进行深度挖掘，产生用户画像，更有效地进行智能推荐、精准营销。数据流程设计如图7-3所示。

图7-3 数据流程设计

### 1. 配置基础环境

融媒体数据平台采用网络爬虫技术抓取互联网发布的新闻数据，根据用户的需求对指定站点（包括网站、微博、微信）进行重点抓取，如网站的指定列表页或专题页，也可缩短网络爬虫抓取的时间间隔（针对新闻发布较频繁的站点，网络爬虫抓取数据的时间间隔通常可设置为2～10分钟）。

步骤 **01** 单击"专题热点"，进入"专题列表"页面，单击"我的专题+"按钮，打开"新建专题"对话框，如图7-4所示。创建专题时，需填写专题名称和设置专题关键词，系统将基于关键词为用户筛选数据。请注意关键词中行与行之间为and关系，列与列之间为or关系。

图7-4 "新建专题"对话框

**步骤 02** 开通订阅站点之后，如果订阅的站点数量很多，用户可自行建立订阅站点的分类，例如按内容分类为时政、民生、体育、娱乐。单击"网站订阅"，进入"网站订阅"页面，单击"添加分类"按钮，弹出"添加分类"对话框，输入自定义分类名称，在下方选择需要归入该分类的站点后，单击"确认"按钮，如图7-5所示，即可创建用户自定义分类，并可按分类方便地检索对应的新闻数据。

图7-5 分类订阅站点

**步骤 03** 单击"舆情预警"，进入"舆情预警"页面。单击"+新建"按钮，弹出"舆情监测"对话框，开始创建新的舆情预警方案。例如，可针对奔驰汽车品牌设置舆情监测方案的预警发出条件：当新闻出现关键词"梅赛德斯奔驰"或"奔驰汽车"，且2小时内出现20篇相关新闻，或者出现情感值小于-50的新闻，或者2小时内有5家以上媒体进行相关报道，则会触发预警条件，系统将向指定联系人发送手机短信和邮件报告舆情。舆情预警如图7-6所示。

图7-6 舆情预警

**步骤 04** 单击"微博传播分析",进入"微博分析"页面。单击"添加分析任务"按钮开始创建微博分析任务。请注意,需要填入的微博地址不是微博账号的主页地址,而是某条微博内容的链接地址,该地址可通过单击微博内容列表某条微博的发布时间获得。添加微博分析任务后需要等待片刻,待后台分析完成后即可查看微博分析结果。微博分析如图7-7所示。

图7-7 微博分析

### 2. 汇聚新闻线索

热点话题指某时间段内一组报道时间相同的新闻的组合,由文章相似性分析后进行聚类得出。文章数指该话题相似文章的篇数,话题的情感指数指该话题每篇文章的情感指数的平均值,媒体覆盖数指该话题所有文章是从哪些媒体站点发布的。

单击"地域热点",进入"地域热点"页面,默认页面以地图模式展示数据,在页面右上角可切换为列表模式,列表模式可显示更多条新闻数据。地图城市区域颜色深浅代表舆情数量多少,页面下方自动将每省、市舆情数量按数字大小进行排列。单击"省份"或"城市"名称按钮,页面右侧的热点话题和最新文章按用户选择的省、市随时刷新,展示该省或该市当前最热话题和最新新闻数据。

切换至地域热点列表模式,页面展示指定省或市当前热点话题和最新文章列表,每条热点话题右侧展示话题的情感指数、文章数及话题的热度,每条最新文章右侧展示文章的发布时间和发布站点。单击"热点话题"按钮,页面会弹出话题对应的所有新闻列表,第一条为系统最早抓取到的数据,通常这条数据是很多其他新闻的转载源。

分类舆情将新闻数据根据内容和来源分为体育、国际、社会、汽车、教育、科技、财经、军事、旅游、时政、民生、娱乐、法制、环保等14类。用户可以指定分类,也可以输入关键词和时间范围进行检索查询。

设置好专题关键词组合之后,专题分析页面将展现3组曲线,分别是热度、情感、媒体覆盖变化趋势曲线。热度曲线显示,奔驰维权事件的新闻热度在4月14日(系统抓取的发布文章数为1 970篇)、4月15日(系统抓取的发布文章数为2 183篇)两天达到峰值(曲线中显示为红色点的含义是这个时间点相较于前一时间点变化趋势大于50%)。

**步骤 01** 网站订阅将用户指定的网站、微信公众号、微博号发布的热点内容全部抓取至数据平台，通常可用于关注重点关注的媒体内容发布情况，如人民网、新华网等区域重点媒体发布的内容，如图7-8所示。

图7-8　网站订阅

**步骤 02** 单击"舆情简报"，可看到系统依据已创建的专题热点，自专题创建之日起，自动生成专题对应的舆情日报、周报、月报。单击"查看报告"按钮，系统将展示报告内容，包括专题舆情的趋势分析、舆情快讯、热点舆情、重要媒体、情感焦点等，可直接打印报告，或者导出word格式的文件后再次编辑、完善报告内容。舆情简报如图7-9所示。

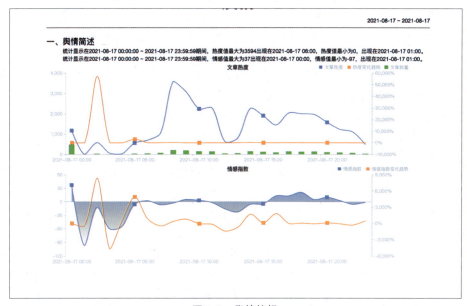

图7-9　舆情简报

**步骤 03** 进入任意新闻详情页面，单击"报题"按钮，如图7-10所示，系统将弹出"新建选题"对话框，标题及选题摘要继承原页面新闻数据。填写选题发生和结束时间后保存，即可创建一个选题，数据将自动进入指挥报道系统。

图7-10 创建选题

**步骤 04** 进入任意新闻的详情页面，单击右上角"发布"按钮，如图7-11所示，系统将弹出"新建稿件"对话框，标题、来源及稿件内容自动继承原页面新闻数据。在稿件编辑页面进行二次排版编辑，选择保存，该新闻即可保存至内容发布系统栏目稿件列表，稿件经审核通过后可进行多渠道发布。

图7-11 发布新闻

### 3. 多渠道传播分析

"总体概览"页面上方展示整体传播统计数据，包括累计发稿量、累计点击量、累计注册数和累计评论数，页面中间4组排行榜展示重点指标的头部数据，包括栏目发稿量Top5、稿件点击量Top5、小编发稿量Top5和融媒号发稿量Top5，如图7-12所示。

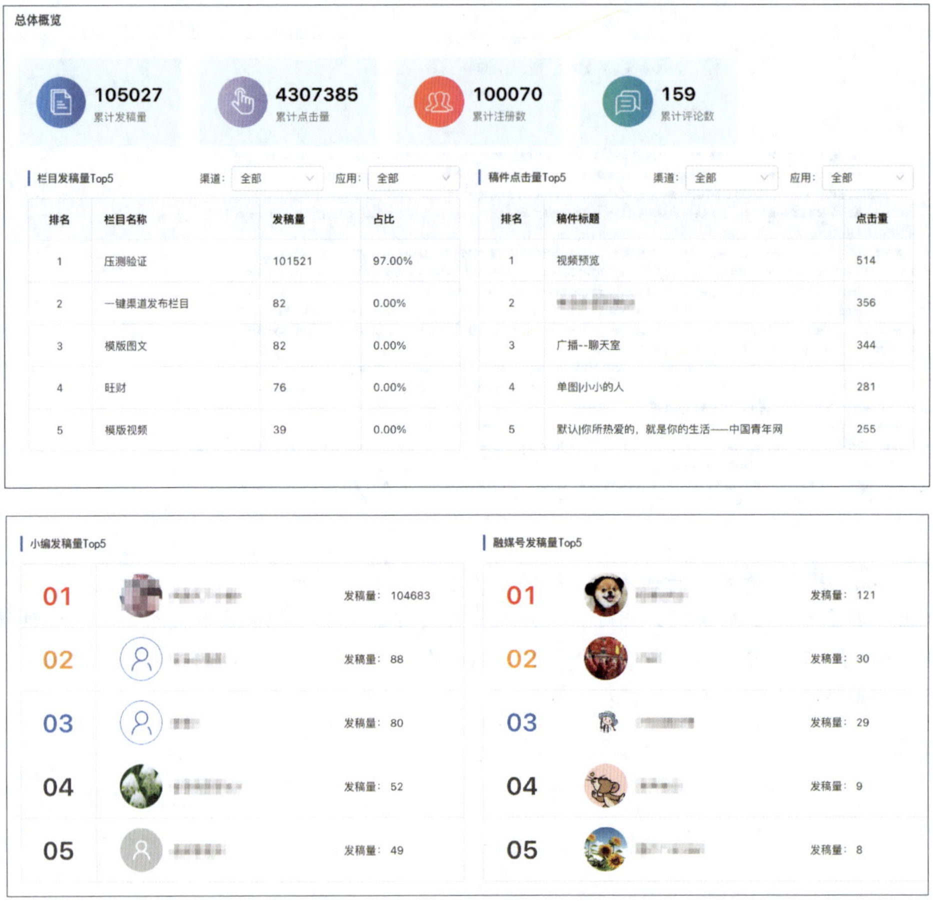

图7-12　"总体概览"页面

栏目发稿量Top5和稿件点击量Top5从用户点击行为的角度进行统计分析，通过点击量排序展示出最受关注的栏目和文章，为运营者提供技术支持。小编发稿量Top5和融媒号发稿量Top5从内容生产的角度进行统计分析，通过发稿量排序展示出最高产的编辑人员和融媒号入驻用户，此数据将被导入数字化绩效考核系统，激励内容生产者进一步保证内容的数量与质量。

文章分析页面按不同时间维度（今日、昨天、近7天、近30天）统计不同栏目板块的热门文章、阅读量及其来源，运营者也可自定义时间区间对不同栏目板块的文章排行进行统计，如图7-13所示。

| 文章点击量（PV）Top10 | | | | 文章点击量（UV）Top10 | | |
|---|---|---|---|---|---|---|
| 排名 | 文章标题 | 点击量 | | 排名 | 文章标题 | 点击量 |
| 1 | 太阳系里，在其他行星上看地球会是什么样的呢？ | 253 | | 1 | 甘肃张掖七彩丹霞——上帝遗落在人间的调色板 | 25 |
| 2 | 为什么要探索火星？天问一号告诉你 | 229 | | 2 | 太阳系里，在其他行星上看地球会是什么样的呢？ | 24 |
| 3 | 国家药监局：███████████████ | 228 | | 3 | 闽侨青年精英话"海丝"合作：聚青年力量助福建高质量发展 | 20 |
| 4 | 闽侨青年精英话"海丝"合作：聚青年力量助福建高质量发展 | 226 | | 4 | 远离尘器，亲近大自然 | 20 |
| 5 | 甘肃张掖七彩丹霞——上帝遗落在人间的调色板 | 221 | | 5 | 青海旅行 | 18 |
| 6 | 四川梓潼："两弹城"铸国魂 | 218 | | 6 | 国家药监局：███████████ | 16 |
| 7 | 青海旅行 | 213 | | 7 | 千万不要一个人去西藏，更不要去海拔4700米的纳木措 | 15 |
| 8 | 甘肃张掖七彩丹霞——上帝遗落在人间的调色板 | 212 | | 8 | 为什么要探索火星？天问一号告诉你 | 14 |
| 9 | 光影闪耀胶州湾 共庆建党百周年 | 208 | | 9 | ████████████ | 13 |
| 10 | 千万不要一个人去西藏，更不要去海拔4700米的纳木措 | 204 | | 10 | 凡是过去，皆为序章 | 13 |

图7-13 文章排行统计

访客分析展示访客数、平均停留时长、回头率、跳出率等数据。平均停留时长指在一定统计时间内，用户浏览网站的一个页面或整个网站时所逗留的总时间与该页面或整个网站的访问次数的比。回头率指在24小时之内相同ID用户访问网站的次数，访问次数越多，回头率也就越高，证明网站的黏性和用户忠诚度越高，说明网站越有价值。跳出率指某个时间段内，访问者只浏览了一页即离开网站的访问次数占总访问次数的比例。访客分析如图7-14所示。

图7-14 访客分析

稿件发布趋势分析用于展示按照不同时间维度（今日、昨天、近7天、近30天，自定义时间段）对发布的各类稿件进行趋势统计分析，包括原创、公众号引用、爆料引用、搜索引擎总计。访问详情用于展示针对用户行为，统计的用户的访问时长、访问次数、回头客数据和所占比例，为运营者提高系统的用户黏性等提供支持。稿件发布趋势分析和访问详情如图7-15所示。

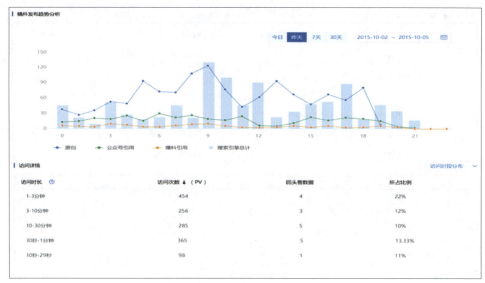

图7-15　稿件发布趋势分析和访问详情

活跃用户数趋势图用于展示每天的新用户、活跃用户数据的变化趋势。用户访问偏好栏目排行Top10可展示前10个用户访问量最大的栏目，体现出终端用户对内容的偏好。活跃用户数和用户访问偏好栏目排行Top10如图7-16所示。

注册用户地域分布以省份为维度，用于展现注册用户的地域分布，以及各区域的浏览量。访问方式分布展示用户访问的渠道分布，包括微信、App、网站、微博、其他等的占比情况。注册用户地域分布和访问方式分布如图7-17所示。

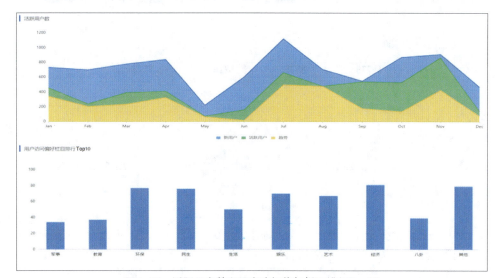

图7-16　活跃用户数和用户访问偏好栏目排行Top10

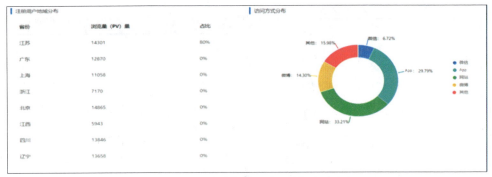

图7-17　注册用户地域分布和访问方式分布

　　融媒号分析展示累计入住融媒号、累计发稿量、累计点击量、粉丝和互动数等数据，这些都是融媒号的重要运营数据。趋势分析用于展示融媒号点击量、粉丝数和互动数的变化趋势，如图7-18所示。

图7-18　变化趋势

　　融媒号发稿量排行用于展示融媒号的发稿量情况，如图7-19所示，根据稿件质量和传播情况对自媒体融媒号进行激励，从而吸引更多的自媒体入住，形成良好的媒体社区环境。

　　决策分析用于展示汇总的重要传播分析数据，为运营者提供决策数据支持。决策分析页面统计数据包括热门融媒号文章排行Top5、积极情感文章排行、热门文章排行Top5、热门栏目发稿量排行Top5、栏目传播统计、明星记者排行Top5、融媒号热门文章排行Top5、融媒号排行Top5，如图7-20所示。

　　对各栏目不同维度的数据分析，展示当下最热栏目排行；对内容发布者不同维度的数据分析，展示记者排行、融媒号排行、融媒号文章排行，如图7-21所示。

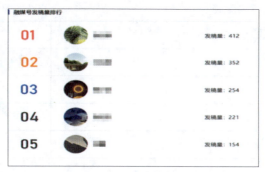

图7-19　发稿量排行

图7-20　决策分析（部分）

图7-21　最热栏目排行

　　微博传播分析任务完成后，单击"查看分析详情"按钮可查看分析结果，如图7-22所示。页面左上角显示微博访问和转发情况，如曝光量、转发次数、情感指数、疑似水军比例等；页面右上角显示微博内容的传播途径，图中每一个点代表一个转发的微博用户；页面下方分别展示用户性别比、用户类型、用户地域分布、用户所在城市用户数排名等。

图7-22　微博传播分析结果

　　参与度变化趋势用于展示某时间段内微博转发量随时间变化的趋势。传播排行榜用于展示参与该事件传播的微博用户中影响力前5（根据粉丝量、转发次数等综合计算）的用户，展示其关键传播账号、粉丝数、用户类型、传播时间和二次转发数等信息。参与度变化趋势和传播排行榜如图7-23所示。

图7-23　参与度变化趋势和传播排行榜

#### 4. 全国数据大屏

指数指在全网抓取并清洗后的有效数据基础上，确定各类型数据的合成系数，再代入热度计算公式计算每篇新闻的热度值，累加后得出总体热度指数。情感指数指通过算法将新闻中不同的词语进行程序归类，分为中性词、积极情感词语、消极情感词语，归类到不同的情感词库，通过分析每篇新闻的所有词组，计算出每篇新闻的情感值，累加后得出总体平均情感指数。

媒体覆盖指数基于专题、话题的维度进行计算，是指对于某个专题或话题在全网中有多少个媒体进行相关内容的报道。新闻情感值的范围为−90～99，约接近−99，表示新闻内容越为负面，将最负面的新闻作为极端舆情进行展示。

热度指数、情感指数、媒体覆盖指数如图7-24所示。

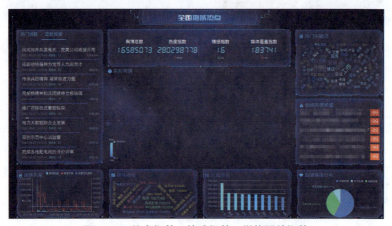

图7-24　热度指数、情感指数、媒体覆盖指数

单击地域热点大屏，选择地域热点，在弹出的对话框中选择省份或地市，如图7-25所示，即可进入对应地域热点大屏，5秒内即可提取显示在大屏的数据，地域热点大屏数据与全国热点大屏数据展现形式一致，两者仅存在数据范围的不同。

图7-25　地域热点

热点事件实时追踪平台，通过关键词对全网舆情进行实时抓取以及趋势分析，同时将分析后的数据进行汇聚，支持查看统计数据（舆情总数、热度指数、情感指数、媒体覆盖指数）、热门话题、最新舆情、舆情热度、热门关键词、极端舆情预警、媒体看板、区域排名和舆情情感分布。

将全网新闻数据按照体育、国际、社会、汽车、教育、科技、财经、军事、旅游、时政、民生、娱乐、法制、环保14类进行分类，单击某分类按钮，可显示该分类热点值最高的10篇文章，如图7-26所示。

图7-26　新闻分类

热点推荐大屏展示全网最热的5个话题及其情感值、热度值、媒体覆盖数和文章数，以及与热点话题相关的热词云数据。热词云可用于汇聚分析全网热点话题，对出现频率较高的热词予以视觉上的突出，形成热词云层或热词渲染，从而过滤大量的文本信息，使用户快速了解当前热点信息，如图7-27所示。

图7-27　热词云

单击"实时热点""今日热点""七日热点"按钮，可以分别获取50条实时热点、今日热点或近七日热点。

热点榜单汇聚大屏展示抓取的实时、今日及近七日这3个时间段内的全网热点话题，并将各热点话题按照热度指数进行排序展示。单击单条热点话题，即可查看其热点详情，包括内容摘要及热点相关的文章，单击相关文章可以查看文章原文。

管理系统制订任务计划和绩效标准，采用科学的数字化绩效考核方式来评定媒体人员的工作任务完成情况、职责履行程度及工作质量，系统滚动展示各记者的绩效情况，包括接受任务总数量、任务类型（电视播出、采访任务、互联网发布等）占比、任务所属栏目占比、已完成任务占比，如图7-28所示。

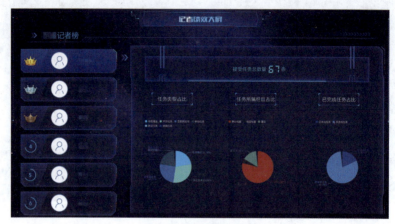

图7-28　记者绩效大屏

回传素材大屏用于展示上传的素材，包括从移动端和PC端上传的素材，支持查看素材上传人、上传时间。单击素材，可以全屏查看图片或播放视频。

选题策划大屏展示策划指挥系统生成选题，包括选题名称、创建者、创建时间以及选题包含的任务数，如图7-29所示。系统滚动显示各选题的详情，包括选题摘要、任务种类、任务数量、任务执行人、任务成果等。

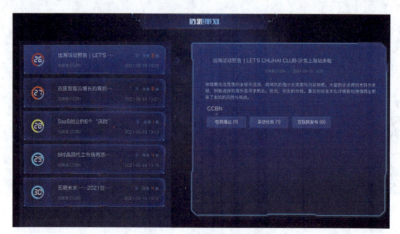

图7-29　选题策划大屏

　　任务一览大屏中，运营者可以设置开始时间和结束时间，查看起止时间段内的所有任务及已完成任务。系统中显示不同任务类型（电视播出、采访任务、互联网发布等）比例，并滚动展示不同任务类型下的任务详情，包括任务名称、摘要、创建时间和任务进度，如图7-30所示。

图7-30　任务一览大屏

　　运营者通过给用户贴标签，对用户信息进行高度提炼，以便系统更理解用户、更方便处理相关数据。用户画像分析大屏动态展示用户的性别比例、访问内容偏好、访问时间偏好、访问平台、注册时间、登录次数、地域分布等信息，如图7-31所示。

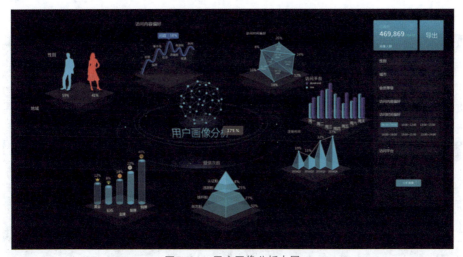

图7-31　用户画像分析大屏

　　曝光量指该用户浏览该篇微博的次数。转发量指用户转发该篇微博的次数。情绪指数指对该篇微博进行分析，对微博的词语进行判定并赋予的一定分值。疑似水军：依据微博账号的行为特征，如注册时间、发帖数量、发帖频率等指标判断其可能为水军用户的概率。微博传播分析大屏如图7-32所示。

图7-32　微博传播分析大屏

平台通过数据埋点等技术，对App传播进行深度分析。App传播运营分析大屏滚动展示累计会员注册数（Android端注册数、iOS端注册数、日活跃用户）、累计App激活数（日阅读量、启动次数、日均停留时间）、累计稿件阅读量（分享数、评论数、点赞数），通过不同的时间维度（24小时、7天、30天）展示阅读时间段分布、文章阅读量、转发数、App激活数趋势、稿件阅读量趋势、会员注册数趋势。App传播运营分析大屏如图7-33所示。

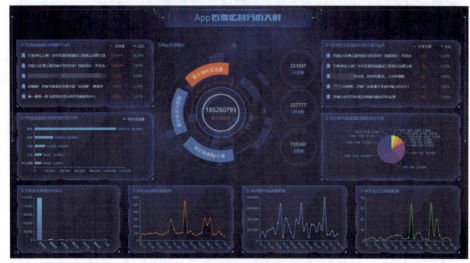

图7-33　App传播运营分析大屏

# 思考与练习

1. 媒体数据有哪些特征?
2. 媒体数据在实际运营的过程中主要起到什么作用?
3. 媒体数据有哪些重要的数据指标? 分别代表什么?

# 参考文献

[ 1 ] 秋叶. 新媒体运营[M]. 北京：人民邮电出版社,2018.

[ 2 ] 刘涛.融合新闻学[M]. 北京：高等教育出版社,2021.

[ 3 ] 李良荣. 网络与新媒体概论[M]. 北京：高等教育出版社,2014.

[ 4 ] 谭贤. 新媒体运营从入门到精通[M]. 北京：人民邮电出版社,2017.

[ 5 ] 陈臻,王怒涛,左巍. 手机短视频：策划 拍摄 剪辑 发布[M]. 北京：人民邮电出版社,2021.

[ 6 ] 何倩,魏雄,何苗,等.实用新媒体简论[M]. 成都：四川大学出版社,2016.

[ 7 ] 车南林. 实用传播学简明教程[M]. 成都：四川大学出版社,2014.

[ 8 ] 王哲平,邵鹏. 视听融媒体概论[M]. 杭州：浙江大学出版社,2020.

[ 9 ] 余肖生,陈鹏,姜艳静. 大数据处理:从采集到可视化[M]. 武汉：武汉大学出版社,2020.

[ 10 ] 赵宏田. 用户画像:方法论与工程化解决方案[M]. 北京：机械工业出版社,2020.

[ 11 ] 梁宸瑜,曹云露,马英. 直播带货:让你的流量持续低成本变现[M]. 北京：人民邮电出版社,2020.

[ 12 ] 韦亚洲,施颖钰,胡咏雪.直播电商平台运营（微课版）[M]. 北京：人民邮电出版社,2021.

[ 13 ] 芦珊.网络舆情监测与研判[M]. 北京：人民邮电出版社,2021.

[ 14 ] 特里·弗卢. 新媒体4.0[M]. 叶明睿,译.北京：人民日报出版社,2019.

[ 15 ] 袁国宝. 政务新媒体[M]. 北京：中国经济出版社,2020.

[ 16 ] 詹新惠. 网络与新媒体编辑运营实务[M]. 北京：中国传媒大学出版社,2019.